2010年
全国暂住人口统计资料汇编

公安部治安管理局　编

群 众 出 版 社

2010年·北京

图书在版编目（CIP）数据

2010 年全国暂住人口统计资料汇编/公安部治安管理局编.
—北京：群众出版社，2010.12
ISBN 978 - 7 - 5014 - 4807 - 4

Ⅰ．①2… Ⅱ．①公… Ⅲ．①暂住人口—人口统计—
统计资料—汇编—中国—2010 Ⅳ．①C924.25

中国版本图书馆 CIP 数据核字（2010）第 225841 号

2010 年全国暂住人口统计资料汇编
2010NIANQUANGUOZANZHURENKOUTONGJIZILIAOHUIBIAN
公安部治安管理局 编

出版发行：群众出版社
地　　址：北京市西城区木樨地南里
邮政编码：100038
经　　销：新华书店
印　　刷：北京蓝空印刷厂

版　　次：2010 年 12 月第 1 版
印　　次：2010 年 12 月第 1 次
印　　张：7.5
开　　本：787 毫米×1092 毫米　1/16
字　　数：174 千字
印　　数：1～1000 册

书　　号：ISBN 978 - 7 - 5014 - 4807 - 4
定　　价：30.00 元

网　　址：www.qzcbs.com
电子邮箱：qzcbs@163.com

营销中心电话：（010）83903254
读者服务部电话（门市）：（010）83903257
警官读者俱乐部电话（网购、邮购）：（010）83903253
教材分社电话：（010）83903259
公安业务分社电话：（010）83905672
法律分社电话：（010）83905745
文艺分社电话：（010）83903973
综合分社电话：（010）83901870
杂志分社电话：（010）83903239
电子音像与数字出版分社电话：（010）83905727

主　编　刘绍武

副主编　黄双全

编　辑　陈　浩　缪灵芝

编辑说明

一、《2010 年全国暂住人口统计资料汇编》比较全面地反映了全国登记的暂住人口的基本状况，主要包括：暂住人口分布、就业、居住处所、来自地区等情况，是各级政府和有关部门制定暂住人口管理有关政策的重要依据，也为社会各界人士分析、研究暂住人口有关情况提供了丰富的资料。

二、本书由公安部治安管理局根据各省、自治区、直辖市公安治安、户政部门逐级上报的数据汇编而成，统计时点为 2010 年 6 月 30 日 24 时。

三、本汇编分为两部分：

1. 全国暂住人口情况；

2. 各省、自治区、直辖市暂住人口情况。

四、本汇编在数据收集、整理、汇总过程中得到全国各级公安治安、户政部门的大力支持，谨此致谢。

编　者
2010 年 10 月

目　　录

全国暂住人口情况

		合计	性　别		暂　住　时　间			来	
			男	女	一个月以下	一个月至一年	一年以上	省内市	内县
甲		1	2	3	4	5	6	7	8
合　　计	1	**131 369 608**	76 640 122	54 729 486	13 485 158	76 570 950	41 313 500	15 162 140	30 417 363
务　　工	2	85 861 805	51 245 442	34 616 363	5 646 837	53 587 074	26 627 894	8 400 237	18 764 882
务　　农	3	2 949 581	1 698 444	1 251 137	223 009	1 784 485	942 087	341 172	1 071 718
经　　商	4	10 791 848	6 710 498	4 081 350	1 287 630	5 093 886	4 410 332	1 693 914	2 848 290
服　　务	5	7 601 312	3 607 251	3 994 061	704 721	4 233 884	2 662 707	969 582	2 035 528
因公出差	6	1 248 117	882 164	365 953	911 658	249 052	87 407	304 586	323 886
借读培训	7	4 784 361	2 637 529	2 146 832	285 011	2 294 279	2 205 071	1 298 284	1 868 876
治病疗养	8	196 719	108 750	87 969	80 608	83 532	32 579	41 093	72 674
保　　姆	9	417 054	68 512	348 542	32 743	216 205	168 106	50 919	123 977
投靠亲友	10	2 305 689	1 027 078	1 278 611	272 895	1 210 765	822 029	274 020	539 314
探亲访友	11	885 979	471 912	414 067	338 381	375 665	171 933	152 718	215 048
旅游观光	12	2 408 588	1 588 223	820 365	2 125 447	221 841	61 300	533 627	421 162
其　　他	13	11 918 555	6 594 319	5 324 236	1 576 218	7 220 282	3 122 055	1 101 988	2 132 008

人 口 总 数

自 地 区				居 住 处 所					
省	外	港澳台	国外	旅店	居民家中	单位内部	工地现场	租赁房屋	其他
市	县								
9	10	11	12	13	14	15	16	17	18
31 711 545	53 392 715	285 761	400 084	6 230 989	11 393 354	30 737 832	9 823 699	64 701 818	8 481 916
19 091 026	39 430 185	81 127	94 348	1 091 721	5 479 917	23 778 186	8 647 267	43 530 521	3 334 193
495 620	1 040 330	486	255	25 323	652 164	277 290	233 833	1 435 872	325 099
2 579 934	3 490 711	60 788	118 211	827 005	1 296 757	1 095 269	271 275	6 616 969	684 573
1 615 225	2 965 813	4 217	10 947	250 008	629 286	1 567 019	270 765	4 466 045	418 189
315 112	285 974	6 976	11 583	920 271	44 260	116 916	11 971	112 533	42 166
661 442	919 813	8 439	27 507	125 533	378 260	2 599 387	37 274	996 525	647 382
36 375	44 313	690	1 574	40 663	36 980	40 820	1 710	52 310	24 236
99 807	141 980	90	281	3 634	239 257	23 877	7 826	123 492	18 968
717 898	748 739	9 059	16 659	52 411	1 130 577	88 502	23 629	849 509	161 061
225 296	238 379	22 731	31 807	171 464	373 022	35 573	10 987	241 939	52 994
752 770	603 568	45 805	51 656	2 078 584	55 930	25 423	6 195	71 972	170 484
5 121 040	3 482 910	45 353	35 256	644 372	1 076 944	1 089 570	300 967	6 204 131	2 602 571

甲		合计	性别		暂住时间			来	
			男	女	一个月以下	一个月至一年	一年以上	省内市	省内县
甲		1	2	3	4	5	6	7	8
合　计	1	117 137 016	67 624 319	49 512 697	11 992 800	68 349 606	36 794 610	13 434 739	25 777 902
务　工	2	76 804 948	45 141 945	31 663 003	5 042 009	47 909 953	23 852 986	7 513 160	16 225 177
务　农	3	2 292 662	1 297 753	994 909	172 697	1 379 102	740 863	274 253	742 756
经　商	4	9 309 209	5 787 191	3 522 018	1 131 199	4 402 153	3 775 857	1 457 398	2 264 853
服　务	5	6 869 174	3 277 532	3 591 642	650 049	3 785 741	2 433 384	875 404	1 754 996
因公出差	6	1 142 678	810 232	332 446	831 871	228 790	82 017	276 126	287 004
借读培训	7	4 228 986	2 333 264	1 895 722	254 904	2 004 026	1 970 056	1 183 784	1 524 212
治病疗养	8	174 338	96 543	77 795	67 398	77 331	29 609	38 378	56 647
保　姆	9	373 346	63 284	310 062	28 699	193 927	150 720	42 752	99 937
投靠亲友	10	1 983 033	889 040	1 093 993	241 536	1 049 558	691 939	242 144	423 987
探亲访友	11	788 985	422 615	366 370	295 005	336 957	157 023	131 131	180 683
旅游观光	12	2 069 619	1 378 791	690 828	1 810 573	200 039	59 007	416 680	390 545
其　他	13	11 100 038	6 126 129	4 973 909	1 466 860	6 782 029	2 851 149	983 529	1 827 105

人 口 总 数

自 地 区				居 住 处 所					
省市	外县	港澳台	国外	旅店	居民家中	单位内部	工地现场	租赁房屋	其他
9	10	11	12	13	14	15	16	17	18
29 627 375	**47 651 975**	**267 524**	**377 501**	**5 668 516**	**9 794 828**	**27 253 977**	**7 711 812**	**59 120 473**	**7 587 410**
17 742 943	35 153 085	78 921	91 662	1 027 185	4 845 785	21 057 487	6 741 591	40 080 854	3 052 046
440 578	834 448	393	234	17 035	445 177	215 971	166 161	1 201 540	246 778
2 373 593	3 041 728	58 552	113 085	772 904	1 092 238	970 540	216 280	5 692 374	564 873
1 526 561	2 697 411	4 042	10 760	217 359	535 304	1 405 604	239 155	4 103 884	367 868
295 198	266 708	6 891	10 751	844 065	38 569	104 821	8 424	107 516	39 283
622 731	862 530	8 353	27 376	117 080	300 906	2 338 574	31 296	887 749	553 381
35 227	41 831	686	·1 569	38 150	32 877	30 694	1 451	49 602	21 564
96 205	134 091	80	281	2 703	207 620	22 144	6 877	116 460	17 542
691 935	601 598	8 740	14 629	47 524	988 058	73 049	19 193	707 057	148 152
208 966	221 860	20 988	25 357	157 239	316 015	30 721	8 718	227 231	49 061
619 877	559 874	35 107	47 536	1 816 355	48 093	21 173	5 660	69 010	109 328
4 973 561	3 236 811	44 771	34 261	610 917	944 186	983 199	267 006	5 877 196	2 417 534

		合计	性	别	暂 住	时	间	来	
			男	女	一个月以下	一个月至一年	一年以上	省内市	内县
甲		1	2	3	4	5	6	7	8
合 计	1	**14 232 592**	**9 015 803**	**5 216 789**	**1 492 358**	**8 221 344**	**4 518 890**	**1 727 401**	**4 639 461**
务 工	2	9 056 857	6 103 497	2 953 360	604 828	5 677 121	2 774 908	887 077	2 539 705
务 农	3	656 919	400 691	256 228	50 312	405 383	201 224	66 919	328 962
经 商	4	1 482 639	923 307	559 332	156 431	691 733	634 475	236 516	583 437
服 务	5	732 138	329 719	402 419	54 672	448 143	229 323	94 178	280 532
因公出差	6	105 439	71 932	33 507	79 787	20 262	5 390	28 460	36 882
借读培训	7	555 375	304 265	251 110	30 107	290 253	235 015	114 500	344 664
治病疗养	8	22 381	12 207	10 174	13 210	6 201	2 970	2 715	16 027
保 姆	9	43 708	5 228	38 480	4 044	22 278	17 386	8 167	24 040
投靠亲友	10	322 656	138 038	184 618	31 359	161 207	130 090	31 876	115 327
探亲访友	11	96 994	49 297	47 697	43 376	38 708	14 910	21 587	34 365
旅游观光	12	338 969	209 432	129 537	314 874	21 802	2 293	116 947	30 617
其 他	13	818 517	468 190	350 327	109 358	438 253	270 906	118 459	304 903

人 口 总 数

自		地	区	居	住	处		所	
省	外	港澳台	国外	旅店	居民家中	单位内部	工地现场	租赁房屋	其他
市	县								
9	10	11	12	13	14	15	16	17	18
2 084 170	**5 740 740**	**18 237**	**22 583**	**562 473**	**1 598 526**	**3 483 855**	**2 111 887**	**5 581 345**	**894 506**
1 348 083	4 277 100	2 206	2 686	64 536	634 132	2 720 699	1 905 676	3 449 667	282 147
55 042	205 882	93	21	8 288	206 987	61 319	67 672	234 332	78 321
206 341	448 983	2 236	5 126	54 101	204 519	124 729	54 995	924 595	119 700
88 664	268 402	175	187	32 649	93 982	161 415	31 610	362 161	50 321
19 914	19 266	85	832	76 206	5 691	12 095	3 547	5 017	2 883
38 711	57 283	86	131	8 453	77 354	260 813	5 978	108 776	94 001
1 148	2 482	4	5	2 513	4 103	10 126	259	2 708	2 672
3 602	7 889	10		931	31 637	1 733	949	7 032	1 426
25 963	147 141	319	2 030	4 887	142 519	15 453	4 436	142 452	12 909
16 330	16 519	1 743	6 450	14 225	57 007	4 852	2 269	14 708	3 933
132 893	43 694	10 698	4 120	262 229	7 837	4 250	535	2 962	61 156
147 479	246 099	582	995	33 455	132 758	106 371	33 961	326 935	185 037

	合计	性 别		暂 住 时 间			来 省 内	
	合计	男	女	一个月以下	一个月至一年	一年以上	市	县
全 国	131 369 608	76 640 122	54 729 486	13 485 158	76 570 950	41 313 500	15 162 140	30 417 363
北 京 市	7 850 474	4 563 434	3 287 040	410 949	4 318 680	3 120 845		
天 津 市	2 896 657	1 830 027	1 066 630	22 341	2 473 171	401 145		
河 北 省	1 198 017	796 341	401 676	27 373	682 286	488 358	158 633	440 700
山 西 省	1 110 514	763 614	346 900	129 794	571 457	409 263	170 770	412 186
内蒙古自治区	1 680 685	1 084 891	595 794	150 302	808 217	722 166	250 183	710 008
辽 宁 省	2 289 034	1 401 939	887 095	270 564	1 232 497	785 973	407 688	792 985
吉 林 省	704 679	415 017	289 662	60 433	303 914	340 332	186 906	279 875
黑 龙 江 省	808 969	499 287	309 682	68 241	311 924	428 804	162 744	415 889
上 海 市	8 677 206	4 782 239	3 894 967	892 994	6 187 502	1 596 710	959	51
江 苏 省	14 970 046	8 731 903	6 238 143	1 611 621	8 728 599	4 629 826	1 559 123	3 928 481
浙 江 省	19 502 924	11 076 476	8 426 448	430 380	15 597 244	3 475 300	1 270 145	1 966 743
安 徽 省	1 563 444	980 485	582 959	119 666	830 713	613 065	382 926	675 476
福 建 省	4 741 502	2 786 350	1 955 152	235 879	2 515 049	1 990 574	400 360	1 628 974
江 西 省	641 315	395 461	245 854	39 839	300 826	300 650	136 884	271 009
山 东 省	5 865 380	3 515 856	2 349 524	191 221	4 221 712	1 452 447	1 135 079	2 597 715
河 南 省	3 496 412	2 138 222	1 358 190	311 182	1 444 146	1 741 084	1 214 168	1 661 897
湖 北 省	1 974 442	1 181 695	792 747	126 484	1 147 869	700 089	365 722	696 514
湖 南 省	2 116 111	1 259 990	856 121	169 597	1 652 178	294 336	691 676	1 012 510
广 东 省	27 730 005	14 733 234	12 996 771	2 282 830	13 144 866	12 302 309	3 069 319	4 231 894
广西壮族自治区	1 915 740	1 184 304	731 436	72 276	1 102 915	740 549	262 339	994 898
海 南 省	413 037	252 497	160 540	42 254	174 992	195 791	85 556	92 032
重 庆 市	2 664 851	1 554 516	1 110 335	65 577	2 479 456	119 818	365 651	1 637 988
四 川 省	3 342 181	2 045 699	1 296 482	1 126 387	1 337 511	878 283	833 482	1 624 816
贵 州 省	1 472 389	924 501	547 888	145 489	612 525	714 375	306 366	642 276
云 南 省	2 297 462	1 455 503	841 959	419 055	971 062	907 345	310 563	954 306
西 藏 自 治 区	369 414	234 832	134 582	31 578	219 907	117 929	16 726	76 484
陕 西 省	1 346 136	844 586	501 550	102 427	685 229	558 480	221 293	564 358
甘 肃 省	1 149 501	777 321	372 180	352 786	527 621	269 094	259 794	456 653
青 海 省	634 134	409 727	224 407	119 814	267 144	247 176	54 462	242 203
宁夏回族自治区	169 558	115 550	54 008	5 384	88 111	76 063	19 992	49 396
新疆维吾尔自治区	5 777 389	3 904 625	1 872 764	3 450 441	1 631 627	695 321	862 631	1 359 046

居住处所分省情况

自 地 区				居 住 处 所					
省市	外县	港澳台	国外	旅店	居民家中	单位内部	工地现场	租赁房屋	其他
31 711 545	**53 392 715**	**285 761**	**400 084**	**6 230 989**	**11 393 354**	**30 737 832**	**9 823 699**	**64 701 818**	**8 481 916**
2 746 885	5 053 423	4 575	45 591	174 517	944 268	1 631 529	857 394	4 024 827	217 939
917 467	1 978 464	642	84	25 752	605 296	867 592	424 002	739 304	234 711
143 911	454 196	137	440	4 764	144 941	329 958	191 596	442 537	84 221
155 768	371 413	123	254	73 872	119 417	308 043	239 216	327 250	42 716
210 238	508 042	291	1 923	41 819	137 481	214 701	379 650	709 749	197 285
360 543	708 284	1 771	17 763	51 941	227 467	405 061	414 267	972 834	217 464
96 280	136 389	142	5 087	14 708	176 285	46 561	92 908	285 446	88 771
77 093	149 925	94	3 224	32 106	154 239	82 694	105 851	331 407	102 672
7 465 059	1 211 128	4	5		773 077	624 921	92 868	5 160 314	2 026 026
1 887 493	7 546 637	20 520	27 792	364 324	1 034 161	4 288 656	1 168 236	7 385 481	729 188
4 439 297	11 744 321	24 211	58 207	114 280	827 437	4 581 707	740 234	12 870 926	368 340
195 937	307 425	541	1 139	22 612	257 794	280 712	227 713	685 514	89 099
703 040	1 966 521	28 247	14 360	33 583	416 846	1 295 424	261 217	2 599 865	134 567
81 883	149 522	433	1 584	9 083	62 623	211 981	92 020	230 726	34 882
633 209	1 476 385	3 564	19 428	74 560	470 618	2 578 018	539 973	1 879 458	322 753
253 049	366 503	333	462	136 090	851 564	1 126 189	244 404	855 279	282 886
525 405	369 946	4 214	12 641	58 851	191 587	322 179	138 866	1 113 708	149 251
165 730	244 392	1 125	678	248 365	320 536	297 244	141 963	765 611	342 392
7 436 868	12 769 558	152 162	70 204	372 716	1 040 100	8 275 038	969 900	15 844 556	1 227 695
220 982	435 595	926	1 000	26 821	409 850	286 344	221 274	648 578	322 873
93 648	135 802	2 381	3 618	11 317	43 372	53 218	74 829	193 403	36 898
118 811	540 204	1 550	647	31 564	509 951	671 132	240 064	1 030 966	181 174
415 339	457 689	3 789	7 066	322 053	488 306	548 237	531 362	1 249 207	203 016
207 972	314 602	754	419	31 774	141 809	143 973	229 524	803 692	121 617
290 290	731 789	947	9 567	35 196	298 397	380 482	249 973	1 171 057	162 357
77 074	199 062	10	58	40 830	34 187	13 593	65 547	203 756	11 501
213 777	345 486	198	1 024	19 616	194 350	272 837	200 062	581 406	77 865
158 171	261 791	9 885	3 207	293 251	87 100	147 625	205 835	342 351	73 339
79 662	257 640	21	146	81 883	59 281	66 227	115 746	229 273	81 724
27 398	72 771	1		1 060	16 186	17 032	36 611	69 906	28 763
1 313 266	2 127 810	22 170	92 466	3 481 681	354 828	368 924	330 594	953 431	287 931

	合　计	务　工	务　农	经　商	服　务
	1	2	3	4	5
全　　　国	131 369 608	85 861 805	2 949 581	10 791 848	7 601 312
北　京　市	7 850 474	4 995 452	212 668	1 236 220	743 256
天　津　市	2 896 657	2 475 542	26 297	85 475	15.605
河　北　省	1 198 017	859 218	10 383	121 863	77 374
山　西　省	1 110 514	701 803	10 812	113 747	64 598
内蒙古自治区	1 680 685	982 814	34 019	217 032	169 590
辽　宁　省	2 289 034	1 239 013	77 216	200 795	216 665
吉　林　省	704 679	329 443	55 561	110 625	46 919
黑　龙　江省	808 969	413 977	86 672	107 659	74 536
上　海　市	8 677 206	3 483 858	88 641	267 386	27 066
江　苏　省	14 970 046	9 252 164	252 408	1 194 399	1 328 712
浙　江　省	19 502 924	16 505 387	141 549	627 705	583 761
安　徽　省	1 563 444	858 036	24 809	238 758	103 729
福　建　省	4 741 502	4 219 875	39 336	86 402	84 145
江　西　省	641 315	353 473	23 159	89 208	53 558
山　东　省	5 865 380	4 021 550	84 999	472 950	246 883
河　南　省	3 496 412	2 264 303	20 246	321 561	116 221
湖　北　省	1 974 442	1 041 561	36 629	284 366	95 729
湖　南　省	2 116 111	1 410 942	36 595	217 893	103 014
广　东　省	27 730 005	20 400 526	421 286	1 984 626	2 068 478
广西壮族自治区	1 915 740	1 096 313	18 503	172 104	83 802
海　南　省	413 037	224 375	12 213	58 880	59 204
重　庆　市	2 664 851	1 037 268	618 305	244 751	193 302
四　川　省	3 342 181	1 920 084	31 284	400 472	180 016
贵　州　省	1 472 389	802 576	52 533	266 721	123 657
云　南　省	2 297 462	1 523 637	40 270	373 238	195 198
西藏自治区	369 414	196 485	8 044	79 555	24 706
陕　西　省	1 346 136	826 248	18 483	216 851	116 296
甘　肃　省	1 149 501	448 993	19 287	151 708	98 682
青　海　省	634 134	272 924	49 627	113 519	36 786
宁夏回族自治区	169 558	88 284	8 802	24 335	26 169
新疆维吾尔自治区	5 777 389	1 615 681	388 945	711 044	243 655

探亲访友等分省情况

因公出差	借读培训	治病疗养	保　姆	投靠亲友	探亲访友	旅游观光	其　他
6	7	8	9	10	11	12	13
1 248 117	**4 784 361**	**196 719**	**417 054**	**2 305 689**	**885 979**	**2 408 588**	**11 918 555**
51 633	222 663	21 975	52 843	67 746	69 779	40 366	135 873
481	34 184	291	233	65 650	13 777	149	178 973
1 775	38 098	556	876	10 311	3 578	267	73 718
17 046	14 787	1 632	1 254	19 643	6 402	32 376	126 414
6 767	46 608	1 764	6 002	32 634	9 071	12 352	162 032
8 681	126 134	3 110	7 402	53 084	22 431	22 480	312 023
4 311	16 198	1 820	5 492	40 713	8 806	1 714	83 077
4 376	14 271	1 793	5 464	23 641	9 068	13 538	53 974
1 291	64 752	3 276	9 429	434 482	51 485	2 252	4 243 288
166 888	644 529	31 231	29 246	461 307	84 002	90 265	1 434 895
21 522	465 954	13 282	20 675	78 016	42 877	37 362	964 834
9 591	126 952	2 857	9 979	66 235	11 924	5 393	105 181
1 437	135 708	819	6 991	21 816	6 454	2 012	136 507
1 674	94 637	579	3 434	5 960	1 548	1 636	12 449
14 497	656 698	3 658	6 262	39 304	24 458	13 578	280 543
18 471	432 804	4 576	4 789	44 945	26 775	13 307	228 414
16 384	108 126	1 173	5 257	31 027	12 101	11 080	331 009
20 236	177 411	6 229	18 497	17 068	22 100	9 690	76 436
127 870	465 342	29 020	160 442	457 207	238 703	146 182	1 230 323
3 398	121 293	1 585	3 748	25 563	5 633	11 014	372 784
1 240	2 988	8 710	3 573	7 524	5 767	9 062	19 501
20 634	259 581	9 482	4 667	80 500	7 849	15 289	173 223
109 756	225 418	9 755	16 894	98 004	60 277	102 688	187 533
7 700	35 740	4 378	9 082	28 912	13 693	10 826	116 571
3 259	28 208	1 983	5 196	19 857	5 526	4 089	97 001
444	520	597	3 429	1 707	4 659	35 266	14 002
5 748	58 774	1 731	7 051	10 785	3 146	2 458	78 565
25 611	81 452	1 230	2 709	10 569	23 525	223 519	62 216
14 102	13 043	3 729	1 444	7 484	3 733	57 609	60 134
85	1 305	9	60	462	293		19 754
561 209	70 183	23 889	4 634	43 533	86 539	1 480 769	547 308

	合 计	务 工	务 农	经 商	服 务
	1	2	3	4	5
全　　　　国	6 230 989	1 091 721	25 323	827 005	250 008
北 京 市	174 517	62 857	2 276	37 891	18 408
天 津 市	25 752	16 518	130	304	120
河 北 省	4 764	2 037	51	605	756
山 西 省	73 872	2 012	107	1 451	1 439
内 蒙 古 自 治 区	41 819	9 385	179	6 164	6 717
辽 宁 省	51 941	12 244	168	10 369	4 033
吉 林 省	14 708	3 330	391	3 679	1 216
黑 龙 江 省	32 106	5 225	467	2 621	2 044
上 海 市					
江 苏 省	364 324	43 616	1 104	54 008	16 853
浙 江 省	114 280	15 587	80	27 553	3 760
安 徽 省	22 612	2 506	200	3 217	3 091
福 建 省	33 583	8 343	215	1 094	1 399
江 西 省	9 083	2 129	14	1 752	2 278
山 东 省	74 560	25 631	438	15 781	4 292
河 南 省	136 090	63 795	1 161	21 604	4 803
湖 北 省	58 851	3 841	464	5 403	2 286
湖 南 省	248 365	180 178	1 406	8 469	4 998
广 东 省	372 716	51 764	3 701	58 591	28 279
广 西 壮 族 自 治 区	26 821	8 053	88	1 462	1 627
海 南 省	11 317	1 758	128	780	547
重 庆 市	31 564	4 954	2 695	3 757	3 774
四 川 省	322 053	63 249	2 201	24 832	13 987
贵 州 省	31 774	4 776	551	4 208	3 392
云 南 省	35 196	15 572	304	6 600	2 905
西 藏 自 治 区	40 830	1 828	11	1 983	629
陕 西 省	19 616	6 717	76	3 928	1 818
甘 肃 省	293 251	5 960	166	3 503	3 434
青 海 省	81 883	3 998	75	2 767	979
宁 夏 回 族 自 治 区	1 060	513		192	126
新 疆 维 吾 尔 自 治 区	3 481 681	463 345	6 476	512 437	110 018

人 员 情 况

因公出差	借读培训	治病疗养	保　姆	投靠亲友	探亲访友	旅游观光	其　他
6	7	8	9	10	11	12	13
920 271	**125 533**	**40 663**	**3 634**	**52 411**	**171 464**	**2 078 584**	**644 372**
10 811	13 232	4 260	18	765	4 547	17 714	1 738
84	93	3		33	44	27	8 396
363	107	6		14	79	82	664
14 328	621	272	69	215	1 130	31 173	21 055
4 079	1 182	283	83	499	630	11 165	1 453
3 377	372	253	36	1 296	1 806	15 645	2 342
2 532	900	290	17	190	310	1 096	757
2 751	528	476	11	580	1 732	12 758	2 913
126 820	23 544	3 377	350	6 929	17 560	50 634	19 529
14 831	1 408	469	96	150	4 483	33 567	12 296
2 821	508	131	19	670	1 087	4 428	3 934
154	575	16	1	20	1 350	707	19 709
447	206	14	13	34	203	1 324	669
6 596	2 620	76	31	927	3 071	7 204	7 893
11 091	2 706	517	38	772	5 548	6 027	18 028
14 385	2 708	220	120	3 346	1 173	8 977	15 928
13 167	2 069	1 083	167	489	11 205	6 702	18 432
49 280	11 910	2 724	1 327	8 433	21 802	87 148	47 757
2 036	608	139	102	975	519	8 825	2 387
480	43	72	71	533	850	5 219	836
1 727	1 368	660	6	175	815	10 541	1 092
84 446	7 309	1 751	326	4 356	12 371	90 152	17 073
5 032	575	673	364	447	1 651	6 804	3 301
1 407	1 682	604	92	177	583	2 569	2 701
110	1	10		48	339	35 061	810
1 933	709	218	135	30	320	2 205	1 527
23 492	3 253	275	40	1 860	21 192	222 186	7 890
13 058	175	1 362	5	488	1 428	55 759	1 789
55	47		7				120
508 578	44 474	20 429	90	17 960	53 636	1 342 885	401 353

	合　计	务　工	务　农	经　商	服　务
	1	2	3	4	5
全　　　国	**11 393 354**	**5 479 917**	**652 164**	**1 296 757**	**629 286**
北　京　市	944 268	488 585	36 400	163 249	76 734
天　津　市	605 296	394 054	9 278	27 743	1 827
河　北　省	144 941	87 403	3 058	20 036	7 777
山　西　省	119 417	55 239	3 698	23 351	7 004
内 蒙 古 自 治 区	137 481	53 832	12 341	17 219	13 369
辽　宁　省	227 467	73 779	17 975	29 412	17 035
吉　林　省	176 285	55 857	24 847	24 561	8 540
黑　龙　江　省	154 239	67 927	27 559	16 693	6 291
上　海　市	773 077	145 349	2 369	36 409	1 331
江　苏　省	1 034 161	496 198	42 577	99 593	67 616
浙　江　省	827 437	617 534	11 089	47 072	28 729
安　徽　省	257 794	88 239	7 192	38 992	16 200
福　建　省	416 846	331 377	1 453	16 389	8 835
江　西　省	62 623	26 259	4 339	10 639	5 742
山　东　省	470 618	266 093	12 697	68 906	27 033
河　南　省	851 564	570 663	7 792	102 667	32 934
湖　北　省	191 587	85 749	11 119	24 009	14 710
湖　南　省	320 536	200 545	9 757	37 630	8 479
广　东　省	1 040 100	357 421	31 912	159 058	78 148
广 西 壮 族 自 治 区	409 850	250 296	2 797	39 793	8 574
海　南　省	43 372	17 968	1 318	4 347	6 754
重　庆　市	509 951	85 821	170 641	52 644	46 461
四　川　省	488 306	216 958	8 745	56 541	29 029
贵　州　省	141 809	48 974	10 976	20 513	11 152
云　南　省	298 397	152 323	6 528	51 767	51 023
西 藏 自 治 区	34 187	11 294	1 441	10 445	1 268
陕　西　省	194 350	109 651	7 760	27 065	16 593
甘　肃　省	87 100	23 136	9 811	17 291	7 857
青　海　省	59 281	17 012	10 283	11 953	3 470
宁 夏 回 族 自 治 区	16 186	7 927	1 964	1 727	3 679
新 疆 维 吾 尔 自 治 区	354 828	76 454	142 448	39 043	15 092

中人员情况

因公出差	借读培训	治病疗养	保　姆	投靠亲友	探亲访友	旅游观光	其　他
6	7	8	9	10	11	12	13
44 260	**378 260**	**36 980**	**239 257**	**1 130 577**	**373 022**	**55 930**	**1 076 944**
5 335	22 680	5 116	28 494	38 401	41 050	6 457	31 767
124	8 195	206	217	57 251	8 820	93	97 488
88	2 200	125	684	6 673	2 696	158	14 043
347	2 496	675	941	15 239	4 657	729	5 041
399	2 656	437	4 996	15 367	5 540	596	10 729
470	6 321	708	4 382	32 559	11 161	1 604	32 061
381	3 348	653	4 105	29 730	5 314	322	18 627
208	4 187	553	4 978	12 102	4 639	244	8 858
158	7 761	728	962	296 330	12 947	199	268 534
3 594	59 583	3 944	19 396	103 797	43 422	6 365	88 076
801	15 300	722	10 604	26 251	18 463	2 024	48 848
278	16 097	1 170	6 812	43 203	6 617	762	32 232
207	10 000	401	6 641	16 829	3 511	979	20 224
94	3 554	110	2 650	5 448	1 053	252	2 483
1 288	17 180	675	4 909	23 981	14 347	2 429	31 080
1 237	28 458	738	3 021	35 282	15 475	3 046	50 251
143	6 395	186	4 490	18 805	9 315	1 093	15 573
2 528	22 334	2 187	13 942	8 619	7 729	1 031	5 755
6 158	50 310	7 598	74 470	132 050	64 568	13 612	64 795
625	17 453	551	2 292	11 890	3 461	531	71 587
29	571	1 669	2 298	2 256	1 691	747	3 724
3 349	14 094	777	2 227	68 967	4 723	1 189	59 058
5 129	26 301	3 165	13 538	62 312	35 073	5 066	26 449
492	3 962	973	5 788	16 926	7 954	2 668	11 431
454	1 752	406	3 634	13 432	3 459	464	13 155
226	38	56	3 115	1 178	3 111	132	1 883
825	7 695	215	5 295	7 505	2 163	93	9 490
160	10 663	442	2 519	5 763	1 495	106	7 857
247	1 750	384	441	5 400	1 720	1 278	5 343
10	164	5	25	339	79		267
8 876	4 762	1 405	1 391	16 692	26 769	1 661	20 235

	合 计	务 工	务 农	经 商	服 务
	1	2	3	4	5
全　　　国	**30 737 832**	**23 778 186**	**277 290**	**1 095 269**	**1 567 019**
北 京 市	1 631 529	1 167 753	36 702	156 246	149 863
天 津 市	867 592	821 169	5 797	6 425	4 389
河 北 省	329 958	244 539	1 502	16 825	30 231
山 西 省	308 043	197 759	1 341	12 770	23 982
内 蒙 古 自 治 区	214 701	122 450	2 364	11 309	20 726
辽 宁 省	405 061	249 540	10 712	22 441	54 388
吉 林 省	46 561	24 514	1 889	5 483	8 801
黑 龙 江 省	82 694	48 790	4 002	7 988	15 946
上 海 市	624 921	441 564	4 184	6 190	1 510
江 苏 省	4 288 656	3 377 003	28 605	123 342	232 963
浙 江 省	4 581 707	3 945 953	9 681	48 084	112 733
安 徽 省	280 712	156 307	1 420	18 462	14 627
福 建 省	1 295 424	1 204 134	317	17 178	25 640
江 西 省	211 981	107 453	2 863	12 636	9 281
山 东 省	2 578 018	1 821 632	8 122	57 591	90 627
河 南 省	1 126 189	684 503	3 212	53 667	27 185
湖 北 省	322 179	178 338	2 635	20 561	13 100
湖 南 省	297 244	189 170	2 916	25 097	22 017
广 东 省	8 275 038	7 033 910	43 108	289 737	502 724
广 西 壮 族 自 治 区	286 344	150 089	851	11 604	10 843
海 南 省	53 218	29 940	892	5 935	9 599
重 庆 市	671 132	370 905	36 826	12 559	27 488
四 川 省	548 237	312 375	2 511	40 213	38 514
贵 州 省	143 973	91 690	2 640	14 331	13 006
云 南 省	380 482	292 304	3 114	26 604	29 180
西 藏 自 治 区	13 593	5 953	517	4 202	1 015
陕 西 省	272 837	180 424	881	28 382	16 998
甘 肃 省	147 625	68 412	457	14 068	18 073
青 海 省	66 227	32 764	1 715	7 388	7 658
宁 夏 回 族 自 治 区	17 032	9 856	319	3 244	3 160
新 疆 维 吾 尔 自 治 区	368 924	216 993	55 195	14 707	30 752

部人员情况

因公出差	借读培训	治病疗养	保　姆	投靠亲友	探亲访友	旅游观光	其　他
6	7	8	9	10	11	12	13
116 916	**2 599 387**	**40 820**	**23 877**	**88 502**	**35 573**	**25 423**	**1 089 570**
9 560	83 095	1 321	2 534	1 804	2 101	1 780	18 770
157	15 422	8		675	516	3	13 031
909	22 609	83	20	224	113	9	12 894
450	6 414	83	28	842	237	104	64 033
1 282	24 357	469	43	968	126	45	30 562
1 549	38 223	562	163	2 228	958	2 522	21 775
840	1 479	238	211	557	200	94	2 255
481	3 205	100	18	143	53	1	1 967
79	11 346	39	105	1 760	1 310	88	156 746
16 988	306 260	11 739	1 353	24 917	2 146	5 022	158 318
2 567	368 574	5 522	1 033	3 872	1 166	264	82 258
5 247	65 975	322	294	5 008	316	38	12 696
758	33 751	49	125	792	511	70	12 099
800	77 263	99	21	81	153	23	1 308
2 932	535 927	1 138	227	1 999	1 290	3 702	52 831
4 041	303 839	1 899	213	1 730	1 099	945	43 856
850	27 252	287	106	823	263	90	77 874
1 703	37 825	1 290	2 727	3 207	914	805	9 573
20 895	139 858	2 615	11 271	24 400	15 200	5 942	185 378
456	71 376	193	411	1 552	306	116	38 547
189	1 162	1 117	427	628	203	146	2 980
7 815	192 776	6 535	393	1 009	686	162	13 978
9 918	115 133	1 785	580	3 216	2 304	982	20 706
717	9 845	791	554	1 064	435	151	8 749
586	18 607	180	383	1 160	333	44	7 987
34	49	12	272	175	1 102	18	244
1 601	32 515	572	118	454	92		10 800
300	35 677	294	38	451	297	30	9 528
111	8 577	1 303	4	286	123	229	6 069
4	237		4	7	1		200
23 097	10 759	175	201	2 470	1 019	1 998	11 558

	合　计	务　工	务　农	经　商	服　务
	1	2	3	4	5
全　　　　国	9 823 699	8 647 267	233 833	271 275	270 765
北　京　市	857 394	730 826	33 727	41 593	34 359
天　津　市	424 002	417 076	3 039	679	152
河　北　省	191 596	174 752	933	6 521	4 395
山　西　省	239 216	225 838	1 800	4 889	4 120
内 蒙 古 自 治 区	379 650	347 986	2 175	9 741	7 522
辽　宁　省	414 267	359 309	12 766	9 040	10 642
吉　林　省	92 908	83 756	1 218	2 236	1 607
黑 龙 江 省	105 851	93 243	3 658	2 180	3 873
上　海　市	92 868	64 023	3 652	558	73
江　苏　省	1 168 236	1 000 480	11 368	24 937	45 469
浙　江　省	740 234	697 809	10 228	7 199	9 286
安　徽　省	227 713	199 767	5 186	9 357	3 831
福　建　省	261 217	257 869	98	1 188	1 025
江　西　省	92 020	75 493	4 997	6 365	2 698
山　东　省	539 973	492 953	4 368	15 450	12 514
河　南　省	244 404	228 586	1 987	5 785	2 389
湖　北　省	138 866	107 562	2 460	9 958	5 709
湖　南　省	141 963	114 935	4 783	7 361	11 772
广　东　省	969 900	799 886	62 819	20 782	32 120
广 西 壮 族 自 治 区	221 274	184 628	1 971	4 569	16 365
海　南　省	74 829	60 109	2 757	3 966	4 962
重　庆　市	240 064	209 629	15 871	3 816	4 730
四　川　省	531 362	477 021	3 217	14 440	10 848
贵　州　省	229 524	191 007	6 318	12 325	6 311
云　南　省	249 973	231 720	3 442	7 133	1 767
西 藏 自 治 区	65 547	63 225	544	1 411	292
陕　西　省	200 062	169 884	1 090	13 665	7 260
甘　肃　省	205 835	172 168	2 349	12 947	11 200
青　海　省	115 746	100 751	1 612	6 027	4 339
宁 夏 回 族 自 治 区	36 611	33 222	144	1 363	1 710
新 疆 维 吾 尔 自 治 区	330 594	281 754	23 256	3 794	7 425

场人员情况

因公出差	借读培训	治病疗养	保　姆	投靠亲友	探亲访友	旅游观光	其　他
6	7	8	9	10	11	12	13
11 971	**37 274**	**1 710**	**7 826**	**23 629**	**10 987**	**6 195**	**300 967**
468	5 444	69	2 669	700	360	5	7 174
5	1 013	1		192	98		1 747
218	906		1	917	77	6	2 870
155	756		50	348	81	1	1 178
187	722		65	993	330	10	9 919
262	1 868	71	285	1 656	720	124	17 524
43	57	84	224	673	332	8	2 670
65	46	1	7	242	751	22	1 763
1	128	5	8	455	122	7	23 836
969	8 423	142	576	2 579	719	311	72 263
89	878	7	61	1 205	684	4	12 784
140	1 151	26	360	1 328	445	44	6 078
16	30	11	1	128	61	3	787
43	1 548		28	30	6		812
696	2 706	379	94	453	577	4	9 779
288	1 338	37	88	218	262	836	2 590
85	160	10	9	260	19		12 634
321	620	195	129	189	167	55	1 436
1 584	1 377	163	494	3 245	1 870	1 207	44 353
20	183	37	5	262	15	19	13 200
74	117	19	43	292	134	122	2 234
641	632	175	370	135	48	20	3 997
3 462	2 618	93	174	3 575	1 534	557	13 823
255	662	106	394	1 898	885	268	9 095
72	231	8	27	560	9		5 004
7	1		1	8	2		56
570	758	25	322	79	57		6 352
423	2 269	1	1	236	94	298	3 849
97	8	42	130	218	91		2 431
3			5	10	5		149
712	624	3	1 205	545	432	2 264	8 580

暂住租赁房

	合　计	务　工	务　农	经　商	服　务
	1	2	3	4	5
全　　　国	64 701 818	43 530 521	1 435 872	6 616 969	4 466 045
北　京　市	4 024 827	2 418 446	96 752	811 157	447 686
天　津　市	739 304	654 607	6 039	28 123	2 478
河　北　省	442 537	305 038	3 365	66 846	28 199
山　西　省	327 250	208 343	3 524	66 721	26 240
内蒙古自治区	709 749	380 765	13 400	147 414	97 992
辽　宁　省	972 834	473 484	30 842	115 040	122 009
吉　林　省	285 446	142 390	16 161	64 017	22 666
黑　龙　江　省	331 407	164 673	26 096	65 309	40 177
上　海　市	5 160 314	2 121 222	60 142	172 364	19 981
江　苏　省	7 385 481	4 159 904	126 805	797 509	852 946
浙　江　省	12 870 926	10 992 653	99 546	475 344	419 077
安　徽　省	685 514	369 861	9 994	159 672	63 109
福　建　省	2 599 865	2 327 652	36 199	48 369	46 618
江　西　省	230 726	123 119	9 739	53 183	30 928
山　东　省	1 879 458	1 330 057	55 823	290 594	102 610
河　南　省	855 279	623 816	3 822	115 152	43 192
湖　北　省	1 113 708	629 747	11 668	197 585	56 792
湖　南　省	765 611	516 436	13 306	125 513	43 072
广　东　省	15 844 556	11 542 973	229 089	1 357 906	1 324 566
广西壮族自治区	648 578	386 908	11 366	95 548	36 787
海　南　省	193 403	97 244	3 281	38 518	33 055
重　庆　市	1 030 966	317 280	360 785	145 836	94 973
四　川　省	1 249 207	801 353	9 628	245 628	80 863
贵　州　省	803 692	413 625	28 015	193 941	81 579
云　南　省	1 171 057	761 702	13 670	257 161	103 695
西　藏　自治区	203 756	112 909	4 389	59 697	18 182
陕　西　省	581 406	329 900	6 832	116 274	69 413
甘　肃　省	342 351	159 688	1 577	94 134	49 277
青　海　省	229 273	102 668	24 427	71 154	18 522
宁夏回族自治区	69 906	34 915	1 070	16 168	15 624
新疆维吾尔自治区	953 431	527 143	118 520	125 092	73 737

屋人员情况

因公出差	借读培训	治病疗养	保 姆	投靠亲友	探亲访友	旅游观光	其 他
6	7	8	9	10	11	12	13
112 533	**996 525**	**52 310**	**123 492**	**849 509**	**241 939**	**71 972**	**6 204 131**
22 654	92 364	10 347	16 759	24 638	18 410	10 058	·55 556
100	5 101	63	14	6 303	3 945	18	32 513
123	9 089	243	134	2 191	511	12	26 786
1 647	3 937	540	110	2 284	236	227	13 441
760	11 377	490	690	10 120	2 100	441	44 200
2 765	28 533	1 060	2 088	11 344	6 451	1 832	177 386
424	8 308	288	851	7 909	2 142	161	20 129
115	4 622	100	300	6 058	595	105	23 257
647	31 267	2 173	5 137	85 574	28 301	1 122	2 632 384
11 805	144 731	5 032	5 940	300 033	12 635	12 478	955 663
2 749	52 146	4 210	8 643	44 511	16 879	1 343	753 825
981	23 811	1 118	2 063	14 395	3 198	71	37 241
278	86 115	331	162	3 632	865	214	49 430
155	9 114	328	673	301	59	17	3 110
2 509	28 585	1 076	935	9 396	3 976	90	53 807
1 010	28 957	416	793	5 227	2 302	942	29 650
611	39 480	257	442	5 410	1 103	691	169 922
1 038	47 738	1 116	882	3 511	1 437	997	10 565
42 503	216 328	9 685	67 123	245 727	116 109	29 509	663 038
170	8 805	564	929	8 847	1 178	724	96 752
346	881	5 245	422	3 558	2 627	1 972	6 254
6 226	22 310	1 206	1 523	9 078	1 438	3 136	67 175
5 271	31 662	2 481	1 703	19 311	7 079	1 959	42 269
830	15 444	667	1 196	6 653	1 957	413	59 372
640	3 814	614	756	3 126	837	532	24 510
65	230	69	40	295	101	26	7 753
691	14 620	464	1 120	2 188	483	157	39 264
791	18 085	169	80	2 074	239	674	15 563
99	1 543	478	377	936	313	127	8 629
11	714	4	19	106	206		1 069
4 519	6 814	1 476	1 588	4 773	4 227	1 924	83 618

	合计	性 别		暂 住 时 间			来 省 内	
		男	女	一个月以下	一个月至一年	一年以上	市	县
	1	2	3	4	5	6	7	8
全　　　　国	85 861 805	51 245 442	34 616 363	5 646 837	53 587 074	26 627 894	8 400 237	18 764 882
北 京 市	4 995 452	2 980 524	2 014 928	222 782	2 860 343	1 912 327		
天 津 市	2 475 542	1 611 655	863 887	16 540	2 179 322	279 680		
河 北 省	859 218	610 704	248 514	16 262	528 011	314 945	101 232	310 894
山 西 省	701 803	530 759	171 044	33 205	433 092	235 506	82 804	263 820
内蒙古自治区	982 814	682 797	300 017	71 619	530 110	381 085	119 114	407 111
辽 宁 省	1 239 013	830 663	408 350	154 552	688 738	395 723	196 242	444 526
吉 林 省	329 443	214 312	115 131	26 402	168 014	135 027	78 501	139 322
黑 龙 江 省	413 977	280 034	133 943	20 181	182 542	211 254	79 445	223 918
上 海 市	3 483 858	2 012 202	1 471 656	311 915	2 364 656	807 287	368	22
江 苏 省	9 252 164	5 590 049	3 662 115	799 590	5 663 666	2 788 908	723 126	2 295 454
浙 江 省	16 505 387	9 510 665	6 994 722	280 679	13 594 681	2 630 027	815 370	1 466 584
安 徽 省	858 036	578 548	279 488	53 102	511 179	293 755	192 974	386 930
福 建 省	4 219 875	2 502 446	1 717 429	193 284	2 289 780	1 736 811	322 008	1 451 127
江 西 省	353 473	230 324	123 149	17 444	196 535	139 494	75 545	151 821
山 东 省	4 021 550	2 481 058	1 540 492	102 983	3 229 247	689 320	700 930	1 786 180
河 南 省	2 264 303	1 418 975	845 328	177 684	947 563	1 139 056	777 741	1 096 614
湖 北 省	1 041 561	681 473	360 088	59 118	623 033	359 410	183 733	383 536
湖 南 省	1 410 942	880 695	530 247	104 637	1 178 710	127 595	493 144	678 257
广 东 省	20 400 526	10 892 175	9 508 351	1 377 327	9 926 555	9 096 644	1 955 747	2 881 941
广西壮族自治区	1 096 313	710 953	385 360	32 530	677 271	386 512	128 171	609 571
海 南 省	224 375	150 072	74 303	19 284	104 874	100 217	42 861	50 076
重 庆 市	1 037 268	694 025	343 243	21 723	960 033	55 512	121 326	640 218
四 川 省	1 920 084	1 227 730	692 354	618 883	825 198	476 003	474 581	966 370
贵 州 省	802 576	549 889	252 687	64 410	355 659	382 507	167 541	361 978
云 南 省	1 523 637	977 314	546 323	250 568	646 179	626 890	205 898	632 894
西藏自治区	196 485	134 348	62 137	2 743	141 485	52 257	5 244	41 388
陕 西 省	826 248	565 643	260 605	53 880	460 041	312 327	126 233	351 258
甘 肃 省	448 993	327 343	121 650	36 953	307 706	104 334	78 025	193 691
青 海 省	272 924	196 816	76 108	24 260	156 049	92 615	15 862	108 750
宁夏回族自治区	88 284	65 616	22 668	3 668	51 528	33 088	11 538	22 754
新疆维吾尔自治区	1 615 681	1 125 635	490 046	478 629	805 274	331 778	124 933	417 877

员 总 数

自 地 区				居 住 处 所					
省市	外县	港澳台	国外	旅店	居民家中	单位内部	工地现场	租赁房屋	其他
9	10	11	12	13	14	15	16	17	18
19 091 026	39 430 185	81 127	94 348	1 091 721	5 479 917	23 778 186	8 647 267	43 530 521	3 334 193
1 599 699	3 384 509	1 292	9 952	62 857	488 585	1 167 753	730 826	2 418 446	126 985
735 778	1 739 145	542	77	16 518	394 054	821 169	417 076	654 607	172 118
95 414	351 535	50	93	2 037	87 403	244 539	174 752	305 038	45 449
90 615	264 388	68	108	2 012	55 239	197 759	225 838	208 343	12 612
116 524	340 006	14	45	9 385	53 832	122 450	347 986	380 765	68 396
195 701	400 309	233	2 002	12 244	73 779	249 540	359 309	473 484	70 657
42 318	68 665	28	609	3 330	55 857	24 514	83 756	142 390	19 596
33 607	76 673	21	313	5 225	67 927	48 790	93 243	164 673	34 119
3 009 297	474 169		2		145 349	441 564	64 023	2 121 222	711 700
1 103 598	5 117 328	4 387	8 271	43 616	496 198	3 377 003	1 000 480	4 159 904	174 963
3 810 227	10 391 869	10 675	10 662	15 587	617 534	3 945 953	697 809	10 992 653	235 851
106 555	171 041	99	437	2 506	88 239	156 307	199 767	369 861	41 356
638 054	1 794 605	13 930	151	8 343	331 377	1 204 134	257 869	2 327 652	90 500
37 976	87 550	84	497	2 129	26 259	107 453	75 493	123 119	19 020
413 442	1 113 453	891	6 654	25 631	266 093	1 821 632	492 953	1 330 057	85 184
156 022	233 652	107	167	63 795	570 663	684 503	228 586	623 816	92 940
265 704	206 267	625	1 696	3 841	85 749	178 338	107 562	629 747	36 324
90 525	148 839	127	50	180 178	200 545	189 170	114 935	516 436	209 678
5 358 241	10 136 356	45 794	22 447	51 764	357 421	7 033 910	799 886	11 542 973	614 572
105 872	252 418	159	122	8 053	250 296	150 089	184 628	386 908	116 339
54 393	76 097	448	500	1 758	17 968	29 940	60 109	97 244	17 356
37 601	237 466	497	160	4 954	85 821	370 905	209 629	317 280	48 679
228 630	247 070	703	2 730	63 249	216 958	312 375	477 021	801 353	49 128
106 265	166 582	156	54	4 776	48 974	91 690	191 007	413 625	52 504
182 763	496 699	71	5 312	15 572	152 323	292 304	231 720	761 702	70 016
34 675	115 170	5	3	1 828	11 294	5 953	63 225	112 909	1 276
115 358	232 976	64	359	6 717	109 651	180 424	169 884	329 900	29 672
49 769	127 468		40	5 960	23 136	68 412	172 168	159 688	19 629
26 153	122 141		18	3 998	17 012	32 764	100 751	102 668	15 731
16 483	37 509			513	7 927	9 856	33 222	34 915	1 851
233 767	818 230	57	20 817	463 345	76 454	216 993	281 754	527 143	49 992

	合	性	别	暂	住	时 间	来	
	计	男	女	一个月以下	一个月至一年	一年以上	省外市	省内县
	1	2	3	4	5	6	7	8
全 国	2 949 581	1 698 444	1 251 137	223 009	1 784 485	942 087	341 172	1 071 718
北 京 市	212 668	125 985	86 683	19 411	80 261	112 996		
天 津 市	26 297	16 348	9 949	217	21 349	4 731		
河 北 省	10 383	6 546	3 837	395	4 606	5 382	1 555	4 528
山 西 省	10 812	5 607	5 205	469	3 326	7 017	1 451	3 316
内蒙古自治区	34 019	22 813	11 206	3 651	14 930	15 438	4 519	13 915
辽 宁 省	77 216	47 638	29 578	14 567	33 630	29 019	12 634	27 447
吉 林 省	55 561	33 898	21 663	2 940	19 332	33 289	13 305	26 657
黑 龙 江 省	86 672	51 196	35 476	3 163	19 025	64 484	12 013	54 358
上 海 市	88 641	49 716	38 925	9 930	66 083	12 628	1	
江 苏 省	252 408	147 091	105 317	22 375	125 728	104 305	29 664	83 250
浙 江 省	141 549	84 767	56 782	2 610	108 573	30 366	11 612	21 800
安 徽 省	24 809	15 534	9 275	1 282	11 528	11 999	5 410	10 942
福 建 省	39 336	14 966	24 370	4 621	30 881	3 834	5 990	3 588
江 西 省	23 159	14 511	8 648	2 073	8 845	12 241	3 290	12 352
山 东 省	84 999	50 661	34 338	2 963	66 960	15 076	22 559	27 961
河 南 省	20 246	12 582	7 664	3 456	7 763	9 027	7 212	10 145
湖 北 省	36 629	23 100	13 529	2 856	16 216	17 557	5 412	14 421
湖 南 省	36 595	21 746	14 849	2 446	19 903	14 246	8 237	17 048
广 东 省	421 286	234 316	186 970	27 302	187 808	206 176	51 351	79 242
广西壮族自治区	18 503	10 854	7 649	1 198	7 957	9 348	4 675	8 777
海 南 省	12 213	8 095	4 118	1 097	5 632	5 484	2 463	2 601
重 庆 市	618 305	332 657	285 648	4 733	601 877	11 695	78 136	382 450
四 川 省	31 284	19 625	11 659	5 967	13 335	11 982	7 447	17 104
贵 州 省	52 533	34 020	18 513	7 318	13 311	31 904	12 511	27 239
云 南 省	40 270	27 608	12 662	6 978	15 750	17 542	7 017	21 051
西藏自治区	8 044	4 573	3 471	4	2 409	5 631	193	2 231
陕 西 省	18 483	11 812	6 671	4 269	7 609	6 605	2 176	11 653
甘 肃 省	19 287	11 441	7 846	2 370	12 336	4 581	5 139	12 149
青 海 省	49 627	29 325	20 302	2 321	11 167	36 139	917	25 972
宁夏回族自治区	8 802	5 330	3 472	219	1 630	6 953	592	4 350
新疆维吾尔自治区	388 945	224 083	164 862	59 808	244 725	84 412	23 691	145 171

员 总 数

自 地 区				居 住 处 所					
省市	外县	港澳台	国外	旅店	居民家中	单位内部	工地现场	租赁房屋	其他
9	10	11	12	13	14	15	16	17	18
495 620	**1 040 330**	**486**	**255**	**25 323**	**652 164**	**277 290**	**233 833**	**1 435 872**	**325 099**
83 748	128 919		1	2 276	36 400	36 702	33 727	96 752	6 811
5 314	20 979	2	2	130	9 278	5 797	3 039	6 039	2 014
1 605	2 660	35		51	3 058	1 502	933	3 365	1 474
1 223	4 822			107	3 698	1 341	1 800	3 524	342
4 320	11 265			179	12 341	2 364	2 175	13 400	3 560
7 579	29 544	2	10	168	17 975	10 712	12 766	30 842	4 753
5 165	10 399		35	391	24 847	1 889	1 218	16 161	11 055
4 767	15 534			467	27 559	4 002	3 658	26 096	24 890
75 737	12 903				2 369	4 184	3 652	60 142	18 294
35 587	103 906		1	1 104	42 577	28 605	11 368	126 805	41 949
30 568	77 566	3		80	11 089	9 681	10 228	99 546	10 925
3 494	4 962		1	200	7 192	1 420	5 186	9 994	817
1 352	28 401	5		215	1 453	317	98	36 199	1 054
1 888	5 629			14	4 339	2 863	4 997	9 739	1 207
16 263	18 214		2	438	12 697	8 122	4 368	55 823	3 551
1 346	1 543			1 161	7 792	3 212	1 987	3 822	2 272
7 804	8 992			464	11 119	2 635	2 460	11 668	8 283
4 088	7 175	29	18	1 406	9 757	2 916	4 783	13 306	4 427
115 482	175 055	86	70	3 701	31 912	43 108	62 819	229 089	50 657
2 011	3 038		2	88	2 797	851	1 971	11 366	1 430
2 784	4 347	13	5	128	1 318	892	2 757	3 281	3 837
28 305	129 073	310	31	2 695	170 641	36 826	15 871	360 785	31 487
1 851	4 877	1	4	2 201	8 745	2 511	3 217	9 628	4 982
5 053	7 730			551	10 976	2 640	6 318	28 015	4 033
2 195	9 935		72	304	6 528	3 114	3 442	13 670	13 212
1 225	4 395			11	1 441	517	544	4 389	1 142
1 450	3 204			76	7 760	881	1 090	6 832	1 844
855	1 144			166	9 811	457	2 349	1 577	4 927
982	21 756			75	10 283	1 715	1 612	24 427	11 515
311	3 549				1 964	319	144	1 070	5 305
41 268	178 814		1	6 476	142 448	55 195	23 256	118 520	43 050

	合	性	别	暂 住 时 间			来	
		男	女	一个月以下	一个月至一年	一年以上	省 市	内 县
	计							
	1	2	3	4	5	6	7	8
全　　　国	**10 791 848**	**6 710 498**	**4 081 350**	**1 287 630**	**5 093 886**	**4 410 332**	**1 693 914**	**2 848 290**
北　京　市	1 236 220	751 353	484 867	46 776	621 487	567 957		
天　津　市	85 475	51 722	33 753	963	63 764	20 748		
河　北　省	121 863	78 901	42 962	2 147	50 977	68 739	18 276	47 070
山　西　省	113 747	74 747	39 000	6 035	46 249	61 463	20 650	40 419
内蒙古自治区	217 032	133 212	83 820	15 749	86 890	114 393	36 316	94 181
辽　宁　省	200 795	125 200	75 595	20 901	82 968	96 926	40 118	58 291
吉　林　省	110 625	63 592	47 033	8 984	41 469	60 172	32 239	38 767
黑　龙　江　省	107 659	68 969	38 690	5 618	37 864	64 177	25 585	46 601
上　海　市	267 386	163 375	104 011	22 888	190 448	54 050	6	
江　苏　省	1 194 399	749 380	445 019	111 189	631 765	451 445	174 383	354 762
浙　江　省	627 705	371 697	256 008	20 112	430 219	177 374	100 743	122 168
安　徽　省	238 758	152 507	86 251	18 176	109 819	110 763	57 975	94 218
福　建　省	86 402	55 390	31 012	4 886	51 025	30 491	16 274	31 497
江　西　省	89 208	56 861	32 347	9 877	37 022	42 309	19 545	32 804
山　东　省	472 950	302 732	170 218	25 624	304 467	142 859	96 944	177 727
河　南　省	321 561	216 243	105 318	21 289	108 460	191 812	104 443	130 695
湖　北　省	284 366	174 669	109 697	17 637	141 851	124 878	51 660	115 329
湖　南　省	217 893	127 327	90 566	16 219	120 227	81 447	50 329	108 782
广　东　省	1 984 626	1 211 170	773 456	178 311	774 031	1 032 284	365 083	383 325
广西壮族自治区	172 104	108 830	63 274	6 954	94 833	70 317	26 985	66 504
海　南　省	58 880	35 885	22 995	4 475	22 531	31 874	14 615	13 839
重　庆　市	244 751	135 212	109 539	4 236	222 834	17 681	28 438	153 134
四　川　省	400 472	258 209	142 263	90 799	163 852	145 821	96 177	179 516
贵　州　省	266 721	162 441	104 280	17 409	105 146	144 166	48 113	92 419
云　南　省	373 238	242 232	131 006	86 130	144 976	142 132	52 941	124 718
西　藏　自治区	79 555	51 310	28 245	1 369	32 383	45 803	3 108	12 379
陕　西　省	216 851	129 591	87 260	12 561	94 893	109 397	43 455	75 501
甘　肃　省	151 708	97 512	54 196	12 339	72 617	66 752	29 177	57 392
青　海　省	113 519	72 348	41 171	7 916	51 757	53 846	8 565	34 129
宁夏回族自治区	24 335	16 465	7 870	376	15 282	8 677	4 164	6 226
新疆维吾尔自治区	711 044	471 416	239 628	489 685	141 780	79 579	127 607	155 897

员 总 数

自 地 区				居 住 处 所					
省市	外县	港澳台	国外	旅店	居民家中	单位内部	工地现场	租赁房屋	其他
9	10	11	12	13	14	15	16	17	18
2 579 934	**3 490 711**	**60 788**	**118 211**	**827 005**	**1 296 757**	**1 095 269**	**271 275**	**6 616 969**	**684 573**
509 223	719 075	736	7 186	37 891	163 249	156 246	41 593	811 157	26 084
34 073	51 377	23	2	304	27 743	6 425	679	28 123	22 201
16 902	39 456	40	119	605	20 036	16 825	6 521	66 846	11 030
16 552	36 109	12	5	1 451	23 351	12 770	4 889	66 721	4 565
33 148	53 322	24	41	6 164	17 219	11 309	9 741	147 414	25 185
42 590	51 638	706	7 452	10 369	29 412	22 441	9 040	115 040	14 493
15 167	24 100	17	335	3 679	24 561	5 483	2 236	64 017	10 649
14 395	20 983	10	85	2 621	16 693	7 988	2 180	65 309	12 868
229 468	37 911	1			36 409	6 190	558	172 364	51 865
172 315	481 945	4 945	6 049	54 008	99 593	123 342	24 937	797 509	95 010
142 611	231 568	6 554	24 061	27 553	47 072	48 084	7 199	475 344	22 453
35 536	50 728	165	136	3 217	38 992	18 462	9 357	159 672	9 058
15 072	19 978	2 253	1 328	1 094	16 389	17 178	1 188	48 369	2 184
15 796	20 900	118	45	1 752	10 639	12 636	6 365	53 183	4 633
67 588	122 183	1 085	7 423	15 781	68 906	57 591	15 450	290 594	24 628
39 025	47 357	32	9	21 604	102 667	53 667	5 785	115 152	22 686
73 436	42 280	653	1 008	5 403	24 009	20 561	9 958	197 585	26 850
21 726	36 901	119	36	8 469	37 630	25 097	7 361	125 513	13 823
565 563	613 692	41 110	15 853	58 591	159 058	289 737	20 782	1 357 906	98 552
27 907	50 514	135	59	1 462	39 793	11 604	4 569	95 548	19 128
9 951	19 701	637	137	780	4 347	5 935	3 966	38 518	5 334
11 520	51 402	197	60	3 757	52 644	12 559	3 816	145 836	26 139
60 777	63 371	407	224	24 832	56 541	40 213	14 440	245 628	18 818
55 662	70 421	81	25	4 208	20 513	14 331	12 325	193 941	21 403
56 933	136 407	498	1 741	6 600	51 767	26 604	7 133	257 161	23 973
16 278	47 783	1	6	1 983	10 445	4 202	1 411	59 697	1 817
46 891	50 858	63	83	3 928	27 065	28 382	13 665	116 274	27 537
23 393	41 388		358	3 503	17 291	14 068	12 947	94 134	9 765
15 727	55 086	1	11	2 767	11 953	7 388	6 027	71 154	14 230
4 451	9 493	1		192	1 727	3 244	1 363	16 168	1 641
190 258	192 784	164	44 334	512 437	39 043	14 707	3 794	125 092	15 971

	合计	性别		暂住时间			来省内	
		男	女	一个月以下	一个月至一年	一年以上	市	县
	1	2	3	4	5	6	7	8
全 国	7 601 312	3 607 251	3 994 061	704 721	4 233 884	2 662 707	969 582	2 035 528
北 京 市	743 256	374 716	368 540	41 124	416 899	285 233		
天 津 市	15 605	7 183	8 422	63	11 867	3 675		
河 北 省	77 374	37 779	39 595	1 711	39 535	36 128	11 057	30 855
山 西 省	64 598	32 130	32 468	3 913	32 098	28 587	11 602	27 251
内 蒙 古 自 治 区	169 590	91 190	78 400	21 352	84 253	63 985	41 507	72 753
辽 宁 省	216 665	97 082	119 583	13 944	129 638	73 083	33 465	82 575
吉 林 省	46 919	21 357	25 562	5 263	20 605	21 051	12 561	18 597
黑 龙 江 省	74 536	34 168	40 368	5 414	34 353	34 769	14 922	33 348
上 海 市	27 066	10 610	16 456	2 697	20 502	3 867		
江 苏 省	1 328 712	645 343	683 369	124 161	766 629	437 922	146 317	384 374
浙 江 省	583 761	256 627	327 134	18 471	434 685	130 605	34 277	64 658
安 徽 省	103 729	47 076	56 653	13 954	57 356	32 419	23 787	43 486
福 建 省	84 145	35 651	48 494	6 265	62 173	15 707	16 504	26 299
江 西 省	53 558	22 718	30 840	4 151	26 590	22 817	8 496	25 449
山 东 省	246 883	117 103	129 780	14 590	164 595	67 698	53 404	97 919
河 南 省	116 221	60 586	55 635	7 189	47 901	61 131	33 616	59 238
湖 北 省	95 729	43 934	51 795	4 895	46 455	44 379	17 156	41 046
湖 南 省	103 014	43 631	59 383	8 628	62 510	31 876	24 464	50 557
广 东 省	2 068 478	935 609	1 132 869	206 973	1 024 417	837 088	289 272	359 223
广 西 壮 族 自 治 区	83 802	43 910	39 892	1 963	38 047	43 792	10 899	41 659
海 南 省	59 204	26 932	32 272	4 123	23 103	31 978	14 766	14 060
重 庆 市	193 302	97 878	95 424	3 283	183 408	6 611	25 617	122 280
四 川 省	180 016	84 468	95 548	42 837	86 213	50 966	37 854	96 360
贵 州 省	123 657	54 574	69 083	12 976	60 923	49 758	24 952	53 107
云 南 省	195 198	111 380	83 818	20 881	100 615	73 702	19 396	107 855
西 藏 自 治 区	24 706	9 398	15 308	792	14 840	9 074	707	5 384
陕 西 省	116 296	51 381	64 915	13 263	52 767	50 266	18 036	44 690
甘 肃 省	98 682	52 852	45 830	11 957	56 999	29 726	17 930	47 366
青 海 省	36 786	17 303	19 483	3 790	19 621	13 375	2 562	15 064
宁 夏 回 族 自 治 区	26 169	15 478	10 691	611	17 277	8 281	2 865	6 128
新 疆 维 吾 尔 自 治 区	243 655	127 204	116 451	83 487	97 010	63 158	21 591	63 947

员　总　数

自　　地　　区				居　　住　　处　　所					
省市	外县	港澳台	国外	旅店	居民家中	单位内部	工地现场	租赁房屋	其他
9	10	11	12	13	14	15	16	17	18
1 615 225	**2 965 813**	**4 217**	**10 947**	**250 008**	**629 286**	**1 567 019**	**270 765**	**4 466 045**	**418 189**
278 705	460 690	179	3 682	18 408	76 734	149 863	34 359	447 686	16 206
4 687	10 908	9	1	120	1 827	4 389	152	2 478	6 639
9 951	25 488		23	756	7 777	30 231	4 395	28 199	6 016
7 266	18 455	24		1 439	7 004	23 982	4 120	26 240	1 813
15 779	39 538	1	12	6 717	13 369	20 726	7 522	97 992	23 264
29 530	70 788	21	286	4 033	17 035	54 388	10 642	122 009	8 558
5 380	10 335	3	43	1 216	8 540	8 801	1 607	22 666	4 089
8 854	17 412			2 044	6 291	15 946	3 873	40 177	6 205
22 772	4 294				1 331	1 510	73	19 981	4 171
155 178	641 496	297	1 050	16 853	67 616	232 963	45 469	852 946	112 865
136 303	348 355	72	96	3 760	28 729	112 733	9 286	419 077	10 176
15 110	21 292	6	48	3 091	16 200	14 627	3 831	63 109	2 871
16 832	24 507	3		1 399	8 835	25 640	1 025	46 618	628
6 305	13 296	2	10	2 278	5 742	9 281	2 698	30 928	2 631
31 442	62 626	602	890	4 292	27 033	90 627	12 514	102 610	9 807
11 501	11 852	4	10	4 803	32 934	27 185	2 389	43 192	5 718
23 219	14 243	30	35	2 286	14 710	13 100	5 709	56 792	3 132
11 519	16 441	14	19	4 998	8 479	22 017	11 772	43 072	12 676
650 483	764 597	2 317	2 586	28 279	78 148	502 724	32 120	1 324 566	102 641
12 909	18 327	4	4	1 627	8 574	10 843	16 365	36 787	9 606
12 200	18 079	8	91	547	6 754	9 599	4 962	33 055	4 287
8 681	36 561	128	35	3 774	46 461	27 488	4 730	94 973	15 876
15 883	29 466	157	296	13 987	29 029	38 514	10 848	80 863	6 775
15 053	30 533	1	11	3 392	11 152	13 006	6 311	81 579	8 217
25 000	41 351	191	1 405	2 905	51 023	29 180	1 767	103 695	6 628
3 279	15 327		9	629	1 268	1 015	292	18 182	3 320
23 600	29 830	37	103	1 818	16 593	16 998	7 260	69 413	4 214
11 644	21 646		96	3 434	7 857	18 073	11 200	49 277	8 841
4 011	15 149			979	3 470	7 658	4 339	18 522	1 818
5 311	11 865			126	3 679	3 160	1 710	15 624	1 870
36 838	121 066	107	106	110 018	15 092	30 752	7 425	73 737	6 631

因 公 出 差

	合计	性别		暂住时间			来	
		男	女	一个月以下	一至一个月年	一年以上	省内市	省内县
	1	2	3	4	5	6	7	8
全 国	1 248 117	882 164	365 953	911 658	249 052	87 407	304 586	323 886
北 京 市	51 633	34 334	17 299	10 554	31 359	9 720		
天 津 市	481	414	67	30	291	160		
河 北 省	1 775	1 389	386	1 204	416	155	362	676
山 西 省	17 046	11 576	5 470	15 700	1 126	220	3 339	4 620
内蒙古自治区	6 767	4 769	1 998	4 514	1 292	961	1 285	3 330
辽 宁 省	8 681	5 757	2 924	5 010	2 208	1 463	2 231	1 908
吉 林 省	4 311	3 231	1 080	2 680	1 197	434	1 142	1 304
黑 龙 江 省	4 376	3 129	1 247	2 840	1 037	499	1 229	1 244
上 海 市	1 291	906	385	84	805	402	2	
江 苏 省	166 888	125 251	41 637	124 328	33 467	9 093	50 268	47 995
浙 江 省	21 522	13 255	8 267	15 445	4 115	1 962	3 184	5 365
安 徽 省	9 591	4 918	4 673	2 574	3 171	3 846	2 587	4 650
福 建 省	1 437	942	495	343	879	215	563	321
江 西 省	1 674	870	804	323	1 008	343	380	297
山 东 省	14 497	9 749	4 748	6 629	6 072	1 796	4 044	3 670
河 南 省	18 471	14 018	4 453	4 473	6 506	7 492	7 446	5 458
湖 北 省	16 384	13 736	2 648	13 504	2 225	655	6 741	2 455
湖 南 省	20 236	14 747	5 489	4 454	14 443	1 339	7 806	6 295
广 东 省	127 870	81 481	46 389	57 467	48 592	21 811	24 172	20 312
广西壮族自治区	3 398	2 329	1 069	1 546	1 682	170	534	1 597
海 南 省	1 240	731	509	497	312	431	348	224
重 庆 市	20 634	13 625	7 009	2 234	17 956	444	5 646	9 997
四 川 省	109 756	73 491	36 265	95 345	8 904	5 507	22 546	58 430
贵 州 省	7 700	4 708	2 992	5 501	1 384	815	1 602	3 262
云 南 省	3 259	2 183	1 076	1 985	757	517	829	1 095
西 藏 自 治 区	444	297	147	202	185	57	91	296
陕 西 省	5 748	3 592	2 156	2 906	1 739	1 103	1 552	1 037
甘 肃 省	25 611	18 572	7 039	23 555	1 873	183	5 686	13 868
青 海 省	14 102	8 019	6 083	13 341	621	140	1 348	3 415
宁夏回族自治区	85	65	20	54	12	19	12	19
新疆维吾尔自治区	561 209	410 080	151 129	492 336	53 418	15 455	147 611	120 746

人 员 总 数

自	地	区		居	住	处		所	
省 市	外 县	港澳台	国 外	旅 店	居民家中	单位内部	工地现场	租赁房屋	其 他
9	10	11	12	13	14	15	16	17	18
315 112	**285 974**	**6 976**	**11 583**	**920 271**	**44 260**	**116 916**	**11 971**	**112 533**	**42 166**
28 049	21 287	79	2 218	10 811	5 335	9 560	468	22 654	2 805
332	149			84	124	157	5	100	11
442	290		5	363	88	909	218	123	74
4 350	4 729	3	5	14 328	347	450	155	1 647	119
1 243	739		170	4 079	399	1 282	187	760	60
2 351	2 009	37	145	3 377	470	1 549	262	2 765	258
983	845		37	2 532	381	840	43	424	91
1 126	759	6	12	2 751	208	481	65	115	756
1 135	154				158	79	1	647	406
37 353	27 944	1 380	1 948	126 820	3 594	16 988	969	11 805	6 712
4 797	4 470	1 206	2 500	14 831	801	2 567	89	2 749	485
1 329	1 013	4	8	2 821	278	5 247	140	981	124
338	215			154	207	758	16	278	24
186	798		13	447	94	800	43	155	135
2 961	3 347	97	378	6 596	1 288	2 932	696	2 509	476
2 800	2 762	5		11 091	1 237	4 041	288	1 010	804
5 641	1 411	12	124	14 385	143	850	85	611	310
2 877	3 229	18	11	13 167	2 528	1 703	321	1 038	1 479
47 995	30 166	3 775	1 450	49 280	6 158	20 895	1 584	42 503	7 450
443	822	1	1	2 036	625	456	20	170	91
327	283	31	27	480	29	189	74	346	122
1 936	3 011	31	13	1 727	3 349	7 815	641	6 226	876
14 240	14 083	38	419	84 446	5 129	9 918	3 462	5 271	1 530
1 198	1 626	3	9	5 032	492	717	255	830	374
639	696			1 407	454	586	72	640	100
22	35			110	226	34	7	65	2
1 927	1 212	4	16	1 933	825	1 601	570	691	128
2 658	3 392		7	23 492	160	300	423	791	445
3 702	5 637			13 058	247	111	97	99	490
22	32			55	10	4	3	11	2
141 710	148 829	246	2 067	508 578	8 876	23 097	712	4 519	15 427

	合计	性别		暂住时间			来省内	
		男	女	一个月以下	一个月至一年	一年以上	市	县
	1	2	3	4	5	6	7	8
全　　　国	4 784 361	2 637 529	2 146 832	285 011	2 294 279	2 205 071	1 298 284	1 868 876
北　京　市	222 663	118 463	104 200	10 624	123 293	88 746		
天　津　市	34 184	19 188	14 996	279	23 562	10 343		
河　北　省	38 098	19 491	18 607	562	13 616	23 920	12 276	14 257
山　西　省	14 787	8 363	6 424	2 597	6 299	5 891	3 627	6 560
内蒙古自治区	46 608	26 325	20 283	1 702	17 437	27 469	9 475	25 895
辽　宁　省	126 134	69 024	57 110	5 954	59 066	61 114	43 133	42 160
吉　林　省	16 198	8 062	8 136	1 023	6 589	8 586	5 862	6 401
黑　龙　江　省	14 271	7 570	6 701	1 483	3 776	9 012	3 051	6 929
上　海　市	64 752	35 752	29 000	6 255	49 669	8 828	18	1
江　苏　省	644 529	356 137	288 392	38 805	317 860	287 864	216 147	225 427
浙　江　省	465 954	247 665	218 289	4 583	200 877	260 494	185 514	125 565
安　徽　省	126 952	69 116	57 836	2 950	37 517	86 485	51 066	47 992
福　建　省	135 708	78 228	57 480	8 765	24 207	102 736	18 190	46 389
江　西　省	94 637	57 378	37 259	193	20 279	74 165	23 960	38 676
山　东　省	656 698	359 016	297 682	7 601	279 202	369 895	164 308	381 413
河　南　省	432 804	244 838	187 966	36 902	178 047	217 855	158 802	204 873
湖　北　省	108 126	63 406	44 720	2 342	78 345	27 439	26 392	14 296
湖　南　省	177 411	90 769	86 642	9 558	151 462	16 391	63 421	82 259
广　东　省	465 342	259 772	205 570	38 454	178 646	248 242	103 981	116 125
广西壮族自治区	121 293	65 986	55 307	2 430	72 011	46 852	32 893	63 941
海　南　省	2 988	1 404	1 584	171	1 470	1 347	743	857
重　庆　市	259 581	135 925	123 656	4 538	243 568	11 475	45 903	163 807
四　川　省	225 418	127 653	97 765	44 329	96 611	84 478	64 922	108 267
贵　州　省	35 740	19 585	16 155	1 532	14 915	19 293	9 145	19 632
云　南　省	28 208	16 028	12 180	2 754	19 236	6 218	3 789	15 080
西藏自治区	520	291	229		309	211	13	413
陕　西　省	58 774	32 950	25 824	3 378	20 851	34 545	16 279	23 902
甘　肃　省	81 452	49 299	32 153	3 609	36 100	41 743	19 937	55 639
青　海　省	13 043	6 785	6 258	212	4 299	8 532	557	8 842
宁夏回族自治区	1 305	940	365	202	824	279	334	317
新疆维吾尔自治区	70 183	42 120	28 063	41 224	14 336	14 623	14 546	22 961

人 员 总 数

| 自 地 区 | | | | 居 住 处 所 | | | | | |
省市	外县	港澳台	国外	旅店	居民家中	单位内部	工地现场	租赁房屋	其他
9	10	11	12	13	14	15	16	17	18
661 442	**919 813**	**8 439**	**27 507**	**125 533**	**378 260**	**2 599 387**	**37 274**	**996 525**	**647 382**
86 661	128 300	447	7 255	13 232	22 680	83 095	5 444	92 364	5 848
14 568	19 610	6		93	8 195	15 422	1 013	5 101	4 360
4 812	6 659	1	93	107	2 200	22 609	906	9 089	3 187
2 115	2 481		4	621	2 496	6 414	756	3 937	563
3 890	7 215		133	1 182	2 656	24 357	722	11 377	6 314
18 546	21 191	22	1 082	372	6 321	38 223	1 868	28 533	50 817
646	1 464	3	1 822	900	3 348	1 479	57	8 308	2 106
855	1 353	2	2 081	528	4 187	3 205	46	4 622	1 683
55 632	9 101				7 761	11 346	128	31 267	14 250
82 042	118 904	835	1 174	23 544	59 583	306 260	8 423	144 731	101 988
71 822	80 412	352	2 289	1 408	15 300	368 574	878	52 146	27 648
9 728	18 060	13	93	508	16 097	65 975	1 151	23 811	19 410
13 476	57 134	377	142	575	10 000	33 751	30	86 115	5 237
15 383	16 069	16	533	206	3 554	77 263	1 548	9 114	2 952
39 931	70 086	69	891	2 620	17 180	535 927	2 706	28 585	69 680
22 859	46 201	6	63	2 706	28 458	303 839	1 338	28 957	67 506
22 761	38 725	1 394	4 558	2 708	6 395	27 252	160	39 480	32 131
18 306	13 395	17	13	2 069	22 334	37 825	620	47 738	66 825
98 698	138 947	4 673	2 918	11 910	50 310	139 858	1 377	216 328	45 559
10 742	13 641	14	62	608	17 453	71 376	183	8 805	22 868
631	527	5	225	43	571	1 162	117	881	214
12 570	37 103	84	114	1 368	14 094	192 776	632	22 310	28 401
23 241	28 445	82	461	7 309	26 301	115 133	2 618	31 662	42 395
3 819	3 053	8	83	575	3 962	9 845	662	15 444	5 252
2 531	6 182	1	625	1 682	1 752	18 607	231	3 814	2 122
25	69			1	38	49	1	230	201
9 473	8 919	12	189	709	7 695	32 515	758	14 620	2 477
1 504	4 208		164	3 253	10 663	35 677	2 269	18 085	11 505
476	3 150		18	175	1 750	8 577	8	1 543	990
130	524			47	164	237		714	143
13 569	18 685		422	44 474	4 762	10 759	624	6 814	2 750

治 病 疗 养

| | 合计 | 性别 | | 暂 住 时 间 | | | 来省 | 内 |
		男	女	一个月以下	一个月至一年	一年以上	省市	内县
	1	2	3	4	5	6	7	8
全　　　国	**196 719**	**108 750**	**87 969**	**80 608**	**83 532**	**32 579**	**41 093**	**72 674**
北 京 市	21 975	11 033	10 942	3 739	13 837	4 399		
天 津 市	291	156	135	11	208	72		
河 北 省	556	287	269	48	226	282	76	114
山 西 省	1 632	858	774	672	893	67	373	766
内蒙古自治区	1 764	907	857	722	839	203	282	814
辽 宁 省	3 110	1 810	1 300	684	1 571	855	964	822
吉 林 省	1 820	999	821	571	775	474	443	782
黑 龙 江 省	1 793	1 032	761	1 127	500	166	673	721
上 海 市	3 276	1 702	1 574	1 022	1 994	260	1	1
江 苏 省	31 231	17 028	14 203	18 121	10 310	2 800	10 768	14 132
浙 江 省	13 282	7 323	5 959	7 861	5 096	325	2 369	6 329
安 徽 省	2 857	1 499	1 358	655	1 592	610	1 051	1 027
福 建 省	819	482	337	253	455	111	123	277
江 西 省	579	315	264	76	385	118	248	185
山 东 省	3 658	1 949	1 709	884	1 503	1 271	737	1 358
河 南 省	4 576	2 605	1 971	2 104	1 826	646	1 213	2 938
湖 北 省	1 173	794	379	452	486	235	460	298
湖 南 省	6 229	3 604	2 625	2 179	2 358	1 692	1 918	2 502
广 东 省	29 020	16 260	12 760	9 852	12 482	6 686	6 432	6 500
广西壮族自治区	1 585	1 172	413	184	1 143	258	107	1 024
海 南 省	8 710	5 487	3 223	948	3 103	4 659	910	1 336
重 庆 市	9 482	4 544	4 938	5 382	4 020	80	1 527	7 119
四 川 省	9 755	5 627	4 128	5 710	2 620	1 425	2 042	5 840
贵 州 省	4 378	2 372	2 006	1 865	1 501	1 012	1 094	2 731
云 南 省	1 983	1 080	903	616	975	392	617	709
西 藏 自 治 区	597	333	264	13	559	25	15	569
陕 西 省	1 731	1 013	718	667	811	253	339	921
甘 肃 省	1 230	756	474	530	644	56	503	549
青 海 省	3 729	1 702	2 027	1 490	2 045	194	438	2 605
宁夏回族自治区	9	5	4	4	5		1	2
新疆维吾尔自治区	23 889	14 016	9 873	12 166	8 770	2 953	5 369	9 703

人 员 总 数

自 地 区				居 住 处 所					
省市	外县	港澳台	国外	旅店	居民家中	单位内部	工地现场	租赁房屋	其他
9	10	11	12	13	14	15	16	17	18
36 375	44 313	690	1 574	40 663	36 980	40 820	1 710	52 310	24 236
9 352	12 082	13	528	4 260	5 116	1 321	69	10 347	862
176	115			3	206	8	1	63	10
228	136	1	1	6	125	83		243	99
114	309		70	272	675	83		540	62
128	231		309	283	437	469		490	85
724	586	2	12	253	708	562	71	1 060	456
179	391	3	22	290	653	238	84	288	267
283	109	1	6	476	553	100	1	100	563
2 829	445				728	39	5	2 173	331
2 443	3 870	14	4	3 377	3 944	11 739	142	5 032	6 997
1 772	2 772	22	18	469	722	5 522	7	4 210	2 352
398	379	2		131	1 170	322	26	1 118	90
182	205	29	3	16	401	49	11	331	11
113	32	1		14	110	99		328	28
730	781	1	51	76	675	1 138	379	1 076	314
190	235			517	738	1 899	37	416	969
148	265		2	220	186	287	10	257	213
554	1 189	35	31	1 083	2 187	1 290	195	1 116	358
7 423	7 722	547	396	2 724	7 598	2 615	163	9 685	6 235
157	297			139	551	193	37	564	101
3 246	3 210	5	3	72	1 669	1 117	19	5 245	588
185	645	6		660	777	6 535	175	1 206	129
790	1 055	4	24	1 751	3 165	1 785	93	2 481	480
262	288	3		673	973	791	106	667	1 168
321	321		15	604	406	180	8	614	171
1	12			10	56	12		69	450
183	287	1		218	215	572	25	464	237
58	120			275	442	294	1	169	49
235	451			1 362	384	1 303	42	478	160
1	5				5			4	
2 970	5 768		79	20 429	1 405	175	3	1 476	401

保 姆 人

	合计	性别		暂 住 时 间			来	
		男	女	一个月以下	一个月至一年	一年以上	省 内 市	省 内 县
	1	2	3	4	5	6	7	8
全 国	**417 054**	**68 512**	**348 542**	**32 743**	**216 205**	**168 106**	**50 919**	**123 977**
北 京 市	52 843	14 021	38 822	3 583	25 075	24 185		
天 津 市	233	9	224	1	158	74		
河 北 省	876	129	747	37	417	422	35	295
山 西 省	1 254	258	996	252	624	378	249	693
内蒙古自治区	6 002	430	5 572	259	4 242	1 501	1 956	1 929
辽 宁 省	7 402	1 155	6 247	785	3 662	2 955	1 108	2 873
吉 林 省	5 492	999	4 493	473	2 876	2 143	1 225	2 788
黑 龙 江 省	5 464	512	4 952	265	3 664	1 535	1 026	3 274
上 海 市	9 429	525	8 904	860	7 164	1 405	1	
江 苏 省	29 246	4 100	25 146	2 960	14 998	11 288	5 233	12 028
浙 江 省	20 675	1 320	19 355	425	13 921	6 329	2 349	5 307
安 徽 省	9 979	2 046	7 933	905	5 281	3 793	1 448	5 069
福 建 省	6 991	980	6 011	54	4 285	2 652	679	2 686
江 西 省	3 434	218	3 216	301	1 284	1 849	364	1 471
山 东 省	6 262	946	5 316	903	3 234	2 125	1 208	2 507
河 南 省	4 789	463	4 326	411	2 823	1 555	1 364	2 773
湖 北 省	5 257	767	4 490	232	1 652	3 373	883	2 973
湖 南 省	18 497	3 575	14 922	1 518	9 924	7 055	3 289	11 149
广 东 省	160 442	29 100	131 342	11 966	78 900	69 576	17 140	30 697
广西壮族自治区	3 748	189	3 559	111	1 767	1 870	614	1 618
海 南 省	3 573	433	3 140	334	1 320	1 919	935	1 095
重 庆 市	4 667	1 353	3 314	86	4 117	464	699	3 319
四 川 省	16 894	2 224	14 670	2 952	7 697	6 245	2 763	11 079
贵 州 省	9 082	1 461	7 621	1 191	4 523	3 368	2 389	5 395
云 南 省	5 196	321	4 875	519	2 415	2 262	820	2 574
西 藏 自 治 区	3 429	29	3 400	27	2 872	530	1 212	2 035
陕 西 省	7 051	759	6 292	396	3 250	3 405	1 121	3 905
甘 肃 省	2 709	68	2 641	274	1 400	1 035	262	2 077
青 海 省	1 444	9	1 435	286	577	581	387	423
宁夏回族自治区	60		60	11	31	18	7	33
新疆维吾尔自治区	4 634	113	4 521	366	2 052	2 216	153	1 912

员 总 数

自 地 区				居 住 处 所					
省 外		港澳台	国外	旅店	居民家中	单位内部	工地现场	租赁房屋	其他
市	县								
9	10	11	12	13	14	15	16	17	18
99 807	**141 980**	**90**	**281**	**3 634**	**239 257**	**23 877**	**7 826**	**123 492**	**18 968**
19 763	33 055	4	21	18	28 494	2 534	2 669	16 759	2 369
82	151				217			14	2
127	419				684	20	1	134	37
102	210			69	941	28	50	110	56
606	1 508	3		83	4 996	43	65	690	125
1 928	1 490		3	36	4 382	163	285	2 088	448
368	1 111			17	4 105	211	224	851	84
320	836	5	3	11	4 978	18	7	300	150
8 211	1 217				962	105	8	5 137	3 217
2 588	9 396		1	350	19 396	1 353	576	5 940	1 631
4 268	8 745	1	5	96	10 604	1 033	61	8 643	238
1 206	2 255		1	19	6 812	294	360	2 063	431
858	2 756		12	1	6 641	125	1	162	61
625	972	1	1	13	2 650	21	28	673	49
893	1 570	2	82	31	4 909	227	94	935	66
278	373	1		38	3 021	213	88	793	636
493	908			120	4 490	106	9	442	90
1 801	2 221	28	9	167	13 942	2 727	129	882	650
50 685	61 743	40	137	1 327	74 470	11 271	494	67 123	5 757
624	892			102	2 292	411	5	929	9
457	1 086			71	2 298	427	43	422	312
92	555	2		6	2 227	393	370	1 523	148
1 090	1 961		1	326	13 538	580	174	1 703	573
531	767			364	5 788	554	394	1 196	786
579	1 223			92	3 634	383	27	756	304
84	98				3 115	272	1	40	1
634	1 383	3	5	135	5 295	118	322	1 120	61
104	266			40	2 519	38	1	80	31
153	481			5	441	4	130	377	487
4	16			7	25	4	5	19	
253	2 316			90	1 391	201	1 205	1 588	159

投 靠 亲 友

	合计	性　别		暂　住　时　间			来	
		男	女	一个月以下	一个月至一年	一年以上	省内市	省内县
	1	2	3	4	5	6	7	8
全　　　国	2 305 689	1 027 078	1 278 611	272 895	1 210 765	822 029	274 020	539 314
北　京　市	67 746	23 879	43 867	10 069	32 366	25 311		
天　津　市	65 650	20 053	45 597	276	36 085	29 289		
河　北　省	10 311	5 174	5 137	365	5 590	4 356	2 110	3 220
山　西　省	19 643	6 611	13 032	1 753	6 520	11 370	3 003	9 660
内蒙古自治区	32 634	16 881	15 753	4 271	11 669	16 694	4 869	16 326
辽　宁　省	53 084	29 345	23 739	8 385	23 923	20 776	12 109	18 368
吉　林　省	40 713	20 631	20 082	3 941	13 519	23 253	11 187	15 017
黑　龙　江　省	23 641	11 351	12 290	4 807	6 048	12 786	4 333	13 296
上　海　市	434 482	154 724	279 758	36 102	314 405	83 975	61	3
江　苏　省	461 307	200 941	260 366	38 559	220 789	201 959	36 163	126 410
浙　江　省	78 016	31 820	46 196	3 721	54 541	19 754	10 861	12 705
安　徽　省	66 235	31 403	34 832	7 186	30 672	28 377	16 303	28 465
福　建　省	21 816	11 466	10 350	1 315	12 237	8 264	3 061	4 686
江　西　省	5 960	3 251	2 709	586	2 958	2 416	1 518	3 711
山　东　省	39 304	17 837	21 467	3 026	26 204	10 074	9 198	14 503
河　南　省	44 945	18 922	26 023	4 977	22 236	17 732	17 497	19 564
湖　北　省	31 027	14 889	16 138	1 843	14 168	15 016	6 833	8 974
湖　南　省	17 068	8 994	8 074	3 485	8 700	4 883	4 916	7 609
广　东　省	457 207	222 331	234 876	76 965	193 042	187 200	61 863	89 327
广西壮族自治区	25 563	16 385	9 178	1 876	12 267	11 420	3 787	12 559
海　南　省	7 524	3 787	3 737	1 608	3 033	2 883	1 387	2 067
重　庆　市	80 500	35 569	44 931	736	73 218	6 546	16 348	46 471
四　川　省	98 004	52 136	45 868	23 144	42 057	32 803	26 352	43 962
贵　州　省	28 912	14 802	14 110	4 525	10 491	13 896	5 836	12 846
云　南　省	19 857	10 680	9 177	2 671	7 850	9 336	3 617	6 669
西藏自治区	1 707	939	768	123	1 282	302	235	836
陕　西　省	10 785	5 465	5 320	1 793	3 590	5 402	2 532	3 724
甘　肃　省	10 569	5 309	5 260	3 094	5 018	2 457	2 179	5 193
青　海　省	7 484	4 135	3 349	1 284	2 389	3 811	683	2 361
宁夏回族自治区	462	219	243	79	143	240	66	141
新疆维吾尔自治区	43 533	27 149	16 384	20 330	13 755	9 448	5 113	10 641

人 员 总 数

自 地 区				居 住 处 所					
省市	外县	港澳台	国外	旅店	居民家中	单位内部	工地现场	租赁房屋	其他
9	10	11	12	13	14	15	16	17	18
717 898	**748 739**	**9 059**	**16 659**	**52 411**	**1 130 577**	**88 502**	**23 629**	**849 509**	**161 061**
33 999	31 863	180	1 704	765	38 401	1 804	700	24 638	1 438
33 232	32 409	8	1	33	57 251	675	192	6 303	1 196
1 995	2 971	3	12	14	6 673	224	917	2 191	292
1 640	5 320	10	10	215	15 239	842	348	2 284	715
2 693	8 721	4	21	499	15 367	968	993	10 120	4 687
9 131	13 087	62	327	1 296	32 559	2 228	1 656	11 344	4 001
5 326	8 987	13	183	190	29 730	557	673	7 909	1 654
2 343	3 516	4	149	580	12 102	143	242	6 058	4 516
374 773	59 645				296 330	1 760	455	85 574	50 363
36 858	261 134	244	498	6 929	103 797	24 917	2 579	300 033	23 052
16 971	35 757	621	1 101	150	26 251	3 872	1 205	44 511	2 027
7 389	13 925	68	85	670	43 203	5 008	1 328	14 395	1 631
2 010	4 068	1 323	6 668	20	16 829	792	128	3 632	415
274	403	28	26	34	5 448	81	30	301	66
6 784	8 595	47	177	927	23 981	1 999	453	9 396	2 548
3 725	4 137	11	11	772	35 282	1 730	218	5 227	1 716
8 773	6 360	21	66	3 346	18 805	823	260	5 410	2 383
1 622	2 596	247	78	489	8 619	3 207	189	3 511	1 053
119 978	175 465	5 714	4 860	8 433	132 050	24 400	3 245	245 727	43 352
3 683	5 479	40	15	975	11 890	1 552	262	8 847	2 037
1 412	2 354	128	176	533	2 256	628	292	3 558	257
5 433	12 132	90	26	175	68 967	1 009	135	9 078	1 136
13 138	14 228	144	180	4 356	62 312	3 216	3 575	19 311	5 234
3 968	6 217	31	14	447	16 926	1 064	1 898	6 653	1 924
2 963	6 536	11	61	177	13 432	1 160	560	3 126	1 402
308	328			48	1 178	175	8	295	3
2 397	2 020	4	108	30	7 505	454	79	2 188	529
1 211	1 973		13	1 860	5 763	451	236	2 074	185
771	3 668		1	488	5 400	286	218	936	156
90	165				339	7	10	106	
13 008	14 680	3	88	17 960	16 692	2 470	545	4 773	1 093

	合 计	性 别		暂 住 时 间			来 省 内	
		男	女	一个月以下	一个月至一年	一年以上	市	县
	1	2	3	4	5	6	7	8
全 国	885 979	471 912	414 067	338 381	375 665	171 933	152 718	215 048
北 京 市	69 779	35 055	34 724	11 592	31 229	26 958		
天 津 市	13 777	6 548	7 229	308	10 564	2 905		
河 北 省	3 578	2 149	1 429	1 120	1 675	783	709	1 033
山 西 省	6 402	2 920	3 482	2 394	2 175	1 833	1 610	2 320
内蒙古自治区	9 071	4 762	4 309	3 779	3 426	1 866	1 997	3 417
辽 宁 省	22 431	12 601	9 830	8 611	9 205	4 615	5 285	6 184
吉 林 省	8 806	4 966	3 840	2 820	3 613	2 373	1 854	2 294
黑 龙 江 省	9 068	4 673	4 395	4 641	2 496	1 931	2 782	2 493
上 海 市	51 485	18 929	32 556	6 115	35 403	9 967	5	
江 苏 省	84 002	43 002	41 000	45 055	29 947	9 000	21 563	22 608
浙 江 省	42 877	21 058	21 819	15 708	23 797	3 372	4 131	5 675
安 徽 省	11 924	6 517	5 407	5 209	4 680	2 035	2 909	4 653
福 建 省	6 454	3 147	3 307	1 735	2 836	1 883	580	1 107
江 西 省	1 548	928	620	741	543	264	295	291
山 东 省	24 458	12 835	11 623	6 038	13 284	5 136	6 656	6 649
河 南 省	26 775	12 524	14 251	7 134	12 746	6 895	10 266	10 986
湖 北 省	12 101	6 256	5 845	3 068	7 769	1 264	3 098	4 191
湖 南 省	22 100	13 789	8 311	3 154	16 931	2 015	4 786	11 266
广 东 省	238 703	122 459	116 244	79 043	101 959	57 701	35 560	49 856
广西壮族自治区	5 633	3 452	2 181	1 249	2 614	1 770	833	1 956
海 南 省	5 767	2 918	2 849	1 804	2 160	1 803	1 134	905
重 庆 市	7 849	3 722	4 127	1 057	6 365	427	1 415	3 670
四 川 省	60 277	33 299	26 978	32 327	18 519	9 431	16 362	24 404
贵 州 省	13 693	8 259	5 434	5 035	4 802	3 856	3 788	5 092
云 南 省	5 526	3 186	2 340	1 694	1 753	2 079	946	2 096
西 藏 自 治 区	4 659	2 423	2 236	1 225	2 495	939	716	2 437
陕 西 省	3 146	1 569	1 577	1 501	1 193	452	720	1 055
甘 肃 省	23 525	16 450	7 075	22 147	937	441	7 762	13 668
青 海 省	3 733	2 014	1 719	2 482	858	393	485	1 178
宁夏回族自治区	293	140	153	50	152	91	84	36
新疆维吾尔自治区	86 539	59 362	27 177	59 545	19 539	7 455	14 387	23 528

人 员 总 数

| 自 地 区 | | | | 居 住 处 所 | | | | | |
省市	外县	港澳台	国外	旅店	居民家中	单位内部	工地现场	租赁房屋	其他
9	10	11	12	13	14	15	16	17	18
225 296	**238 379**	**22 731**	**31 807**	**171 464**	**373 022**	**35 573**	**10 987**	**241 939**	**52 994**
31 377	34 423	805	3 174	4 547	41 050	2 101	360	18 410	3 311
6 765	7 009	3		44	8 820	516	98	3 945	354
1 117	693	1	25	79	2 696	113	77	511	102
870	1 585	2	15	1 130	4 657	237	81	236	61
1 165	2 480		12	630	5 540	126	330	2 100	345
4 061	5 601	213	1 087	1 806	11 161	958	720	6 451	1 335
1 450	2 365	43	800	310	5 314	200	332	2 142	508
1 483	1 930	10	370	1 732	4 639	53	751	595	1 298
45 008	6 472				12 947	1 310	122	28 301	8 805
14 670	22 050	2 044	1 067	17 560	43 422	2 146	719	12 635	7 520
6 460	12 482	2 199	11 930	4 483	18 463	1 166	684	16 879	1 202
1 789	2 455	65	53	1 087	6 617	316	445	3 198	261
743	783	1 567	1 674	1 350	3 511	511	61	865	156
277	468	126	91	203	1 053	153	6	59	74
5 438	4 451	425	839	3 071	14 347	1 290	577	3 976	1 197
2 257	3 111	139	16	5 548	15 475	1 099	262	2 302	2 089
2 204	1 990	240	378	1 173	9 315	263	19	1 103	228
2 783	2 735	368	162	11 205	7 729	914	167	1 437	648
56 951	83 156	7 657	5 523	21 802	64 568	15 200	1 870	116 109	19 154
721	1 559	350	214	519	3 461	306	15	1 178	154
1 347	1 607	370	404	850	1 691	203	134	2 627	262
1 040	1 629	50	45	815	4 723	686	48	1 438	139
8 453	9 516	698	844	12 371	35 073	2 304	1 534	7 079	1 916
2 275	2 423	77	38	1 651	7 954	435	885	1 957	811
788	1 667	5	24	583	3 459	333	9	837	305
668	838			339	3 111	1 102	2	101	4
601	730	10	30	320	2 163	92	57	483	31
822	1 220		53	21 192	1 495	297	94	239	208
823	1 246		1	1 428	1 720	123	91	313	58
120	53				79	1	5	206	2
20 770	19 652	5 264	2 938	53 636	26 769	1 019	432	4 227	456

旅 游 观 光

| | 合计 | 性别 | | 暂住时间 | | | 来 | |
		男	女	一个月以下	一个月至一年	一年以上	省市	内县
	1	2	3	4	5	6	7	8
全 国	2 408 588	1 588 223	820 365	2 125 447	221 841	61 300	533 627	421 162
北 京 市	40 366	22 470	17 896	13 579	19 212	7 575		
天 津 市	149	103	46	30	103	16		
河 北 省	267	157	110	245	22		83	40
山 西 省	32 376	18 731	13 645	31 864	277	235	9 290	5 854
内蒙古自治区	12 352	7 072	5 280	10 231	1 862	259	1 476	2 837
辽 宁 省	22 480	11 936	10 544	17 320	3 925	1 235	7 226	3 260
吉 林 省	1 714	957	757	1 047	465	202	300	391
黑 龙 江 省	13 538	7 859	5 679	12 949	486	103	6 084	2 773
上 海 市	2 252	1 132	1 120	366	1 602	284	1	
江 苏 省	90 265	51 305	38 960	69 851	16 834	3 580	20 568	26 241
浙 江 省	37 362	21 990	15 372	35 146	2 061	155	7 691	5 232
安 徽 省	5 393	3 087	2 306	4 300	991	102	1 432	1 627
福 建 省	2 012	948	1 064	1 001	788	223	436	256
江 西 省	1 636	853	783	1 369	228	39	291	197
山 东 省	13 578	7 497	6 081	9 994	1 920	1 664	4 076	4 755
河 南 省	13 307	8 396	4 911	3 134	5 697	4 476	7 744	3 402
湖 北 省	11 080	7 190	3 890	8 369	2 021	690	2 692	2 918
湖 南 省	9 690	5 989	3 701	5 227	3 816	647	2 363	3 474
广 东 省	146 182	79 003	67 179	82 773	43 379	20 030	29 365	23 353
广西壮族自治区	11 014	6 690	4 324	8 361	2 380	273	2 249	3 088
海 南 省	9 062	4 921	4 141	5 856	2 366	840	532	825
重 庆 市	15 289	7 630	7 659	14 229	835	225	10 246	3 202
四 川 省	102 688	58 536	44 152	94 700	5 231	2 757	28 850	28 734
贵 州 省	10 826	6 033	4 793	8 024	1 935	867	2 520	2 040
云 南 省	4 089	2 230	1 859	3 465	279	345	786	1 243
西 藏 自 治 区	35 266	20 820	14 446	22 489	12 772	5	3 354	2 534
陕 西 省	2 458	1 371	1 087	2 237	153	68	614	463
甘 肃 省	223 519	156 335	67 184	222 987	520	12	74 490	26 024
青 海 省	57 609	35 931	21 678	55 653	650	1 306	15 943	8 297
宁夏回族自治区								
新疆维吾尔自治区	1 480 769	1 031 051	449 718	1 378 651	89 031	13 087	292 925	258 102

人 员 总 数

自 地 区				居 住 处 所					
省 市	外 县	港澳台	国 外	旅 店	居 民 家 中	单 位 内 部	工 地 现 场	租 赁 房 屋	其 他
9	10	11	12	13	14	15	16	17	18
752 770	603 568	45 805	51 656	2 078 584	55 930	25 423	6 195	71 972	170 484
16 284	18 538	439	5 105	17 714	6 457	1 780	5	10 058	4 352
89	60			27	93	3		18	8
89	55			82	158	9	6	12	
9 569	7 662		1	31 173	729	104	1	227	142
5 608	1 739	243	449	11 165	596	45	10	441	95
4 506	3 447	403	3 638	15 645	1 604	2 522	124	1 832	753
319	152	2	550	1 096	322	94	8	161	33
2 950	1 611	33	87	12 758	244	1	22	105	408
1 979	272				199	88	7	1 122	836
17 027	17 340	4 754	4 335	50 634	6 365	5 022	311	12 478	15 455
12 658	5 835	1 442	4 504	33 567	2 024	264	4	1 343	160
522	1 770	24	18	4 428	762	38	44	71	50
352	257	189	522	707	979	70	3	214	39
407	389	36	316	1 324	252	23		17	20
2 815	1 574	79	279	7 204	2 429	3 702	4	90	149
1 217	844		100	6 027	3 046	945	836	942	1 511
1 262	1 075	1 089	2 044	8 977	1 093	90		691	229
1 953	1 633	84	183	6 702	1 031	805	55	997	100
42 717	39 120	8 202	3 425	87 148	13 612	5 942	1 207	29 509	8 764
3 379	1 843	188	267	8 825	531	116	19	724	799
2 074	3 577	661	1 393	5 219	747	146	122	1 972	856
680	1 113	9	39	10 541	1 189	162	20	3 136	241
26 725	15 381	1 397	1 601	90 152	5 066	982	557	1 959	3 972
2 012	3 776	360	118	6 804	2 668	151	268	413	522
715	1 064	112	169	2 569	464	44		532	480
19 506	9 828	4	40	35 061	132	18		26	29
856	421		104	2 205	93			157	3
60 760	50 049	9 885	2 311	222 186	106	30	298	674	225
22 695	10 590	19	65	55 759	1 278	229		127	216
491 045	402 553	16 151	19 993	1 342 885	1 661	1 998	2 264	1 924	130 037

各省、自治区、直辖市
暂住人口情况

甲		合计	性 别		暂 住 时 间			来	
			男	女	一个月以下	一个月至一年	一年以上	省市	内县
甲		1	2	3	4	5	6	7	8
合 计	1	**7 850 474**	**4 563 434**	**3 287 040**	**410 949**	**4 318 680**	**3 120 845**		
务 工	2	4 995 452	2 980 524	2 014 928	222 782	2 860 343	1 912 327		
务 农	3	212 668	125 985	86 683	19 411	80 261	112 996		
经 商	4	1 236 220	751 353	484 867	46 776	621 487	567 957		
服 务	5	743 256	374 716	368 540	41 124	416 899	285 233		
因公出差	6	51 633	34 334	17 299	10 554	31 359	9 720		
借读培训	7	222 663	118 463	104 200	10 624	123 293	88 746		
治病疗养	8	21 975	11 033	10 942	3 739	13 837	4 399		
保 姆	9	52 843	14 021	38 822	3 583	25 075	24 185		
投靠亲友	10	67 746	23 879	43 867	10 069	32 366	25 311		
探亲访友	11	69 779	35 055	34 724	11 592	31 229	26 958		
旅游观光	12	40 366	22 470	17 896	13 579	19 212	7 575		
其 他	13	135 873	71 601	64 272	17 116	63 319	55 438		

京

自 地 区				居 住 处 所					
省 外		港澳台	国外	旅店	居民家中	单位内部	工地现场	租赁房屋	其他
市	县								
9	10	11	12	13	14	15	16	17	18
2 746 885	5 053 423	4 575	45 591	174 517	944 268	1 631 529	857 394	4 024 827	217 939
1 599 699	3 384 509	1 292	9 952	62 857	488 585	1 167 753	730 826	2 418 446	126 985
83 748	128 919		1	2 276	36 400	36 702	33 727	96 752	6 811
509 223	719 075	736	7 186	37 891	163 249	156 246	41 593	811 157	26 084
278 705	460 690	179	3 682	18 408	76 734	149 863	34 359	447 686	16 206
28 049	21 287	79	2 218	10 811	5 335	9 560	468	22 654	2 805
86 661	128 300	447	7 255	13 232	22 680	83 095	5 444	92 364	5 848
9 352	12 082	13	528	4 260	5 116	1 321	69	10 347	862
19 763	33 055	4	21	18	28 494	2 534	2 669	16 759	2 369
33 999	31 863	180	1 704	765	38 401	1 804	700	24 638	1 438
31 377	34 423	805	3 174	4 547	41 050	2 101	360	18 410	3 311
16 284	18 538	439	5 105	17 714	6 457	1 780	5	10 058	4 352
50 025	80 682	401	4 765	1 738	31 767	18 770	7 174	55 556	20 868

		合 计	性 别		暂 住 时 间			来	
			男	女	一个月以下	一个月至一年	一年以上	省内 市	县
甲		1	2	3	4	5	6	7	8
合　计	1	2 896 657	1 830 027	1 066 630	22 341	2 473 171	401 145		
务　工	2	2 475 542	1 611 655	863 887	16 540	2 179 322	279 680		
务　农	3	26 297	16 348	9 949	217	21 349	4 731		
经　商	4	85 475	51 722	33 753	963	63 764	20 748		
服　务	5	15 605	7 183	8 422	63	11 867	3 675		
因公出差	6	481	414	67	30	291	160		
借读培训	7	34 184	19 188	14 996	279	23 562	10 343		
治病疗养	8	291	156	135	11	208	72		
保　姆	9	233	9	224	1	158	74		
投靠亲友	10	65 650	20 053	45 597	276	36 085	29 289		
探亲访友	11	13 777	6 548	7 229	308	10 564	2 905		
旅游观光	12	149	103	46	30	103	16		
其　他	13	178 973	96 648	82 325	3 623	125 898	49 452		

津

自　　　地　　　区				居　　　住　　　处　　　所					
省市	外县	港澳台	国外	旅店	居民家中	单位内部	工地现场	租赁房屋	其他
9	10	11	12	13	14	15	16	17	18
917 467	1 978 464	642	84	25 752	605 296	867 592	424 002	739 304	234 711
735 778	1 739 145	542	77	16 518	394 054	821 169	417 076	654 607	172 118
5 314	20 979	2	2	130	9 278	5 797	3 039	6 039	2 014
34 073	51 377	23	2	304	27 743	6 425	679	28 123	22 201
4 687	10 908	9	1	120	1 827	4 389	152	2 478	6 639
332	149			84	124	157	5	100	11
14 568	19 610	6		93	8 195	15 422	1 013	5 101	4 360
176	115			3	206	8	1	63	10
82	151				217			14	2
33 232	32 409	8	1	33	57 251	675	192	6 303	1 196
6 765	7 009	3		44	8 820	516	98	3 945	354
89	60			27	93	3		18	8
82 371	96 552	49	1	8 396	97 488	13 031	1 747	32 513	25 798

河

甲		合计 1	性别 男 2	别 女 3	暂住时间 一个月以下 4	一至一年 5	一年以上 6	来 省市 7	内县 8
合　计	1	**1 198 017**	**796 341**	**401 676**	**27 373**	**682 286**	**488 358**	**158 633**	**440 700**
务　工	2	859 218	610 704	248 514	16 262	528 011	314 945	101 232	310 894
务　农	3	10 383	6 546	3 837	395	4 606	5 382	1 555	4 528
经　商	4	121 863	78 901	42 962	2 147	50 977	68 739	18 276	47 070
服　务	5	77 374	37 779	39 595	1 711	39 535	36 128	11 057	30 855
因公出差	6	1 775	1 389	386	1 204	416	155	362	676
借读培训	7	38 098	19 491	18 607	562	13 616	23 920	12 276	14 257
治病疗养	8	556	287	269	48	226	282	76	114
保　姆	9	876	129	747	37	417	422	35	295
投靠亲友	10	10 311	5 174	5 137	365	5 590	4 356	2 110	3 220
探亲访友	11	3 578	2 149	1 429	1 120	1 675	783	709	1 033
旅游观光	12	267	157	110	245	22		83	40
其　他	13	73 718	33 635	40 083	3 277	37 195	33 246	10 862	27 718

北

自 地 区				居 住 处 所					
省外		港澳台	国外	旅店	居民家中	单位内部	工地现场	租赁房屋	其他
省市	县	港澳台	国外	旅店	居民家中	单位内部	工地现场	租赁房屋	其他
9	10	11	12	13	14	15	16	17	18
143 911	**454 196**	**137**	**440**	**4 764**	**144 941**	**329 958**	**191 596**	**442 537**	**84 221**
95 414	351 535	50	93	2 037	87 403	244 539	174 752	305 038	45 449
1 605	2 660	35		51	3 058	1 502	933	3 365	1 474
16 902	39 456	40	119	605	20 036	16 825	6 521	66 846	11 030
9 951	25 488		23	756	7 777	30 231	4 395	28 199	6 016
442	290		5	363	88	909	218	123	74
4 812	6 659	1	93	107	2 200	22 609	906	9 089	3 187
228	136	1	1	6	125	83		243	99
127	419				684	20	1	134	37
1 995	2 971	3	12	14	6 673	224	917	2 191	292
1 117	693	1	25	79	2 696	113	77	511	102
89	55			82	158	9	6	12	
11 229	23 834	6	69	664	14 043	12 894	2 870	26 786	16 461

山

甲		合计 1	性别		暂住时间			来	
			男 2	女 3	一个月以下 4	一至一个月年 5	一年以上 6	省市 7	内县 8
合　计	1	**1 110 514**	**763 614**	**346 900**	**129 794**	**571 457**	**409 263**	**170 770**	**412 186**
务　工	2	701 803	530 759	171 044	33 205	433 092	235 506	82 804	263 820
务　农	3	10 812	5 607	5 205	469	3 326	7 017	1 451	3 316
经　商	4	113 747	74 747	39 000	6 035	46 249	61 463	20 650	40 419
服　务	5	64 598	32 130	32 468	3 913	32 098	28 587	11 602	27 251
因公出差	6	17 046	11 576	5 470	15 700	1 126	220	3 339	4 620
借读培训	7	14 787	8 363	6 424	2 597	6 299	5 891	3 627	6 560
治病疗养	8	1 632	858	774	672	893	67	373	766
保　姆	9	1 254	258	996	252	624	378	249	693
投靠亲友	10	19 643	6 611	13 032	1 753	6 520	11 370	3 003	9 660
探亲访友	11	6 402	2 920	3 482	2 394	2 175	1 833	1 610	2 320
旅游观光	12	32 376	18 731	13 645	31 864	277	235	9 290	5 854
其　他	13	126 414	71 054	55 360	30 940	38 778	56 696	32 772	46 907

西

自　　　地　　　区				居　　　住　　　处　　　所					
省市	外县	港澳台	国外	旅店	居民家中	单位内部	工地现场	租赁房屋	其他
9	10	11	12	13	14	15	16	17	18
155 768	**371 413**	**123**	**254**	**73 872**	**119 417**	**308 043**	**239 216**	**327 250**	**42 716**
90 615	264 388	68	108	2 012	55 239	197 759	225 838	208 343	12 612
1 223	4 822			107	3 698	1 341	1 800	3 524	342
16 552	36 109	12	5	1 451	23 351	12 770	4 889	66 721	4 565
7 266	18 455	24		1 439	7 004	23 982	4 120	26 240	1 813
4 350	4 729	3	5	14 328	347	450	155	1 647	119
2 115	2 481		4	621	2 496	6 414	756	3 937	563
114	309		70	272	675	83		540	62
102	210			69	941	28	50	110	56
1 640	5 320	10	10	215	15 239	842	348	2 284	715
870	1 585	2	15	1 130	4 657	237	81	236	61
9 569	7 662		1	31 173	729	104	1	227	142
21 352	25 343	4	36	21 055	5 041	64 033	1 178	13 441	21 666

内 蒙

甲		合计	性别		暂住时间			来	
			男	女	一个月以下	一至一个月年	一年以上	省市	内县
		1	2	3	4	5	6	7	8
合　计	1	1 680 685	1 084 891	595 794	150 302	808 217	722 166	250 183	710 008
务　工	2	982 814	682 797	300 017	71 619	530 110	381 085	119 114	407 111
务　农	3	34 019	22 813	11 206	3 651	14 930	15 438	4 519	13 915
经　商	4	217 032	133 212	83 820	15 749	86 890	114 393	36 316	94 181
服　务	5	169 590	91 190	78 400	21 352	84 253	63 985	41 507	72 753
因公出差	6	6 767	4 769	1 998	4 514	1 292	961	1 285	3 330
借读培训	7	46 608	26 325	20 283	1 702	17 437	27 469	9 475	25 895
治病疗养	8	1 764	907	857	722	839	203	282	814
保　姆	9	6 002	430	5 572	259	4 242	1 501	1 956	1 929
投靠亲友	10	32 634	16 881	15 753	4 271	11 669	16 694	4 869	16 326
探亲访友	11	9 071	4 762	4 309	3 779	3 426	1 866	1 997	3 417
旅游观光	12	12 352	7 072	5 280	10 231	1 862	259	1 476	2 837
其　他	13	162 032	93 733	68 299	12 453	51 267	98 312	27 387	67 500

古

自 地 区				居 住 处 所					
省 外		港澳台	国外	旅店	居民家中	单位内部	工地现场	租赁房屋	其他
市	县								
9	10	11	12	13	14	15	16	17	18
210 238	**508 042**	**291**	**1 923**	**41 819**	**137 481**	**214 701**	**379 650**	**709 749**	**197 285**
116 524	340 006	14	45	9 385	53 832	122 450	347 986	380 765	68 396
4 320	11 265			179	12 341	2 364	2 175	13 400	3 560
33 148	53 322	24	41	6 164	17 219	11 309	9 741	147 414	25 185
15 779	39 538	1	12	6 717	13 369	20 726	7 522	97 992	23 264
1 243	739		170	4 079	399	1 282	187	760	60
3 890	7 215		133	1 182	2 656	24 357	722	11 377	6 314
128	231		309	283	437	469		490	85
606	1 508	3		83	4 996	43	65	690	125
2 693	8 721	4	21	499	15 367	968	993	10 120	4 687
1 165	2 480		12	630	5 540	126	330	2 100	345
5 608	1 739	243	449	11 165	596	45	10	441	95
25 134	41 278	2	731	1 453	10 729	30 562	9 919	44 200	65 169

甲		合计	性别		暂住时间			来	
			男	女	一个月以下	一个月至一年	一年以上	省内市	内县
甲		1	2	3	4	5	6	7	8
合　计	1	**2 289 034**	**1 401 939**	**887 095**	**270 564**	**1 232 497**	**785 973**	**407 688**	**792 985**
务　工	2	1 239 013	830 663	408 350	154 552	688 738	395 723	196 242	444 526
务　农	3	77 216	47 638	29 578	14 567	33 630	29 019	12 634	27 447
经　商	4	200 795	125 200	75 595	20 901	82 968	96 926	40 118	58 291
服　务	5	216 665	97 082	119 583	13 944	129 638	73 083	33 465	82 575
因公出差	6	8 681	5 757	2 924	5 010	2 208	1 463	2 231	1 908
借读培训	7	126 134	69 024	57 110	5 954	59 066	61 114	43 133	42 160
治病疗养	8	3 110	1 810	1 300	684	1 571	855	964	822
保　姆	9	7 402	1 155	6 247	785	3 662	2 955	1 108	2 873
投靠亲友	10	53 084	29 345	23 739	8 385	23 923	20 776	12 109	18 368
探亲访友	11	22 431	12 601	9 830	8 611	9 205	4 615	5 285	6 184
旅游观光	12	22 480	11 936	10 544	17 320	3 925	1 235	7 226	3 260
其　他	13	312 023	169 728	142 295	19 851	193 963	98 209	53 173	104 571

宁

自 地 区				居 住 处 所					
省市	外县	港澳台	国外	旅店	居民家中	单位内部	工地现场	租赁房屋	其他
9	10	11	12	13	14	15	16	17	18
360 543	**708 284**	**1 771**	**17 763**	**51 941**	**227 467**	**405 061**	**414 267**	**972 834**	**217 464**
195 701	400 309	233	2 002	12 244	73 779	249 540	359 309	473 484	70 657
7 579	29 544	2	10	168	17 975	10 712	12 766	30 842	4 753
42 590	51 638	706	7 452	10 369	29 412	22 441	9 040	115 040	14 493
29 530	70 788	21	286	4 033	17 035	54 388	10 642	122 009	8 558
2 351	2 009	37	145	3 377	470	1 549	262	2 765	258
18 546	21 191	22	1 082	372	6 321	38 223	1 868	28 533	50 817
724	586	2	12	253	708	562	71	1 060	456
1 928	1 490		3	36	4 382	163	285	2 088	448
9 131	13 087	62	327	1 296	32 559	2 228	1 656	11 344	4 001
4 061	5 601	213	1 087	1 806	11 161	958	720	6 451	1 335
4 506	3 447	403	3 638	15 645	1 604	2 522	124	1 832	753
43 896	108 594	70	1 719	2 342	32 061	21 775	17 524	177 386	60 935

吉

甲		合计 1	性别 男 2	别 女 3	暂住时间 一个月以下 4	一个月至一年 5	一年以上 6	来 省内市 7	内县 8
合　计	1	**704 679**	**415 017**	**289 662**	**60 433**	**303 914**	**340 332**	**186 906**	**279 875**
务　工	2	329 443	214 312	115 131	26 402	168 014	135 027	78 501	139 322
务　农	3	55 561	33 898	21 663	2 940	19 332	33 289	13 305	26 657
经　商	4	110 625	63 592	47 033	8 984	41 469	60 172	32 239	38 767
服　务	5	46 919	21 357	25 562	5 263	20 605	21 051	12 561	18 597
因公出差	6	4 311	3 231	1 080	2 680	1 197	434	1 142	1 304
借读培训	7	16 198	8 062	8 136	1 023	6 589	8 586	5 862	6 401
治病疗养	8	1 820	999	821	571	775	474	443	782
保　姆	9	5 492	999	4 493	473	2 876	2 143	1 225	2 788
投靠亲友	10	40 713	20 631	20 082	3 941	13 519	23 253	11 187	15 017
探亲访友	11	8 806	4 966	3 840	2 820	3 613	2 373	1 854	2 294
旅游观光	12	1 714	957	757	1 047	465	202	300	391
其　他	13	83 077	42 013	41 064	4 289	25 460	53 328	28 287	27 555

林

自	地		区	居	住	处	所		
省市	外县	港澳台	国外	旅店	居民家中	单位内部	工地现场	租赁房屋	其他
9	10	11	12	13	14	15	16	17	18
96 280	**136 389**	**142**	**5 087**	**14 708**	**176 285**	**46 561**	**92 908**	**285 446**	**88 771**
42 318	68 665	28	609	3 330	55 857	24 514	83 756	142 390	19 596
5 165	10 399		35	391	24 847	1 889	1 218	16 161	11 055
15 167	24 100	17	335	3 679	24 561	5 483	2 236	64 017	10 649
5 380	10 335	3	43	1 216	8 540	8 801	1 607	22 666	4 089
983	845		37	2 532	381	840	43	424	91
646	1 464	3	1 822	900	3 348	1 479	57	8 308	2 106
179	391	3	22	290	653	238	84	288	267
368	1 111			17	4 105	211	224	851	84
5 326	8 987	13	183	190	29 730	557	673	7 909	1 654
1 450	2 365	43	800	310	5 314	200	332	2 142	508
319	152	2	550	1 096	322	94	8	161	33
18 979	7 575	30	651	757	18 627	2 255	2 670	20 129	38 639

甲		合计	性别		暂住时间			来	
			男	女	一个月以下	一个月至一年	一年以上	省内市	内县
甲		1	2	3	4	5	6	7	8
合 计	1	**808 969**	**499 287**	**309 682**	**68 241**	**311 924**	**428 804**	**162 744**	**415 889**
务 工	2	413 977	280 034	133 943	20 181	182 542	211 254	79 445	223 918
务 农	3	86 672	51 196	35 476	3 163	19 025	64 484	12 013	54 358
经 商	4	107 659	68 969	38 690	5 618	37 864	64 177	25 585	46 601
服 务	5	74 536	34 168	40 368	5 414	34 353	34 769	14 922	33 348
因公出差	6	4 376	3 129	1 247	2 840	1 037	499	1 229	1 244
借读培训	7	14 271	7 570	6 701	1 483	3 776	9 012	3 051	6 929
治病疗养	8	1 793	1 032	761	1 127	500	166	673	721
保 姆	9	5 464	512	4 952	265	3 664	1 535	1 026	3 274
投靠亲友	10	23 641	11 351	12 290	4 807	6 048	12 786	4 333	13 296
探亲访友	11	9 068	4 673	4 395	4 641	2 496	1 931	2 782	2 493
旅游观光	12	13 538	7 859	5 679	12 949	486	103	6 084	2 773
其 他	13	53 974	28 794	25 180	5 753	20 133	28 088	11 601	26 934

江

| 自 | 地 区 | | | 居 | 住 | 处 | 所 | | |
省市	外县	港澳台	国外	旅店	居民家中	单位内部	工地现场	租赁房屋	其他
9	10	11	12	13	14	15	16	17	18
77 093	**149 925**	**94**	**3 224**	**32 106**	**154 239**	**82 694**	**105 851**	**331 407**	**102 672**
33 607	76 673	21	313	5 225	67 927	48 790	93 243	164 673	34 119
4 767	15 534			467	27 559	4 002	3 658	26 096	24 890
14 395	20 983	10	85	2 621	16 693	7 988	2 180	65 309	12 868
8 854	17 412			2 044	6 291	15 946	3 873	40 177	6 205
1 126	759	6	12	2 751	208	481	65	115	756
855	1 353	2	2 081	528	4 187	3 205	46	4 622	1 683
283	109	1	6	476	553	100	1	100	563
320	836	5	3	11	4 978	18	7	300	150
2 343	3 516	4	149	580	12 102	143	242	6 058	4 516
1 483	1 930	10	370	1 732	4 639	53	751	595	1 298
2 950	1 611	33	87	12 758	244	1	22	105	408
6 110	9 209	2	118	2 913	8 858	1 967	1 763	23 257	15 216

甲		合计	性别		暂住时间			来	
			男	女	一个月以下	一个月至一年	一年以上	省内市	省内县
甲		1	2	3	4	5	6	7	8
合　　计	1	8 677 206	4 782 239	3 894 967	892 994	6 187 502	1 596 710	959	51
务　　工	2	3 483 858	2 012 202	1 471 656	311 915	2 364 656	807 287	368	22
务　　农	3	88 641	49 716	38 925	9 930	66 083	12 628	1	
经　　商	4	267 386	163 375	104 011	22 888	190 448	54 050	6	
服　　务	5	27 066	10 610	16 456	2 697	20 502	3 867		
因公出差	6	1 291	906	385	84	805	402	2	
借读培训	7	64 752	35 752	29 000	6 255	49 669	8 828	18	1
治病疗养	8	3 276	1 702	1 574	1 022	1 994	260	1	1
保　　姆	9	9 429	525	8 904	860	7 164	1 405	1	
投靠亲友	10	434 482	154 724	279 758	36 102	314 405	83 975	61	3
探亲访友	11	51 485	18 929	32 556	6 115	35 403	9 967	5	
旅游观光	12	2 252	1 132	1 120	366	1 602	284	1	
其　　他	13	4 243 288	2 332 666	1 910 622	494 760	3 134 771	613 757	495	24

海

| 自 地 区 | | | | 居 住 处 所 | | | | | |
| 省市 | 外县 | 港澳台 | 国外 | 旅店 | 居民家中 | 单位内部 | 工地现场 | 租赁房屋 | 其他 |
9	10	11	12	13	14	15	16	17	18
7 465 059	**1 211 128**	**4**	**5**		**773 077**	**624 921**	**92 868**	**5 160 314**	**2 026 026**
3 009 297	474 169		2		145 349	441 564	64 023	2 121 222	711 700
75 737	12 903				2 369	4 184	3 652	60 142	18 294
229 468	37 911	1			36 409	6 190	558	172 364	51 865
22 772	4 294				1 331	1 510	73	19 981	4 171
1 135	154				158	79	1	647	406
55 632	9 101				7 761	11 346	128	31 267	14 250
2 829	445				728	39	5	2 173	331
8 211	1 217				962	105	8	5 137	3 217
374 773	59 645				296 330	1 760	455	85 574	50 363
45 008	6 472				12 947	1 310	122	28 301	8 805
1 979	272				199	88	7	1 122	836
3 638 218	604 545	3	3		268 534	156 746	23 836	2 632 384	1 161 788

江

甲		合计	性别		暂 住 时 间			来	
			男	女	一个月以下	一个月至一年	一年以上	省内市	县
甲		1	2	3	4	5	6	7	8
合　计	1	**14 970 046**	**8 731 903**	**6 238 143**	**1 611 621**	**8 728 599**	**4 629 826**	**1 559 123**	**3 928 481**
务　工	2	9 252 164	5 590 049	3 662 115	799 590	5 663 666	2 788 908	723 126	2 295 454
务　农	3	252 408	147 091	105 317	22 375	125 728	104 305	29 664	83 250
经　商	4	1 194 399	749 380	445 019	111 189	631 765	451 445	174 383	354 762
服　务	5	1 328 712	645 343	683 369	124 161	766 629	437 922	146 317	384 374
因公出差	6	166 888	125 251	41 637	124 328	33 467	9 093	50 268	47 995
借读培训	7	644 529	356 137	288 392	38 805	317 860	287 864	216 147	225 427
治病疗养	8	31 231	17 028	14 203	18 121	10 310	2 800	10 768	14 132
保　姆	9	29 246	4 100	25 146	2 960	14 998	11 288	5 233	12 028
投靠亲友	10	461 307	200 941	260 366	38 559	220 789	201 959	36 163	126 410
探亲访友	11	84 002	43 002	41 000	45 055	29 947	9 000	21 563	22 608
旅游观光	12	90 265	51 305	38 960	69 851	16 834	3 580	20 568	26 241
其　他	13	1 434 895	802 276	632 619	216 627	896 606	321 662	124 923	335 800

苏

自　　地　　区				居　　住　　处　　所					
省 市	外 县	港澳台	国 外	旅 店	居民家中	单 位内 部	工 地现 场	租 赁房 屋	其 他
9	10	11	12	13	14	15	16	17	18
1 887 493	**7 546 637**	**20 520**	**27 792**	**364 324**	**1 034 161**	**4 288 656**	**1 168 236**	**7 385 481**	**729 188**
1 103 598	5 117 328	4 387	8 271	43 616	496 198	3 377 003	1 000 480	4 159 904	174 963
35 587	103 906		1	1 104	42 577	28 605	11 368	126 805	41 949
172 315	481 945	4 945	6 049	54 008	99 593	123 342	24 937	797 509	95 010
155 178	641 496	297	1 050	16 853	67 616	232 963	45 469	852 946	112 865
37 353	27 944	1 380	1 948	126 820	3 594	16 988	969	11 805	6 712
82 042	118 904	835	1 174	23 544	59 583	306 260	8 423	144 731	101 988
2 443	3 870	14	4	3 377	3 944	11 739	142	5 032	6 997
2 588	9 396		1	350	19 396	1 353	576	5 940	1 631
36 858	261 134	244	498	6 929	103 797	24 917	2 579	300 033	23 052
14 670	22 050	2 044	1 067	17 560	43 422	2 146	719	12 635	7 520
17 027	17 340	4 754	4 335	50 634	6 365	5 022	311	12 478	15 455
227 834	741 324	1 620	3 394	19 529	88 076	158 318	72 263	955 663	141 046

		合计	性别		暂住时间			来	
			男	女	一个月以下	一个月至一年	一年以上	省内市	内县
甲		1	2	3	4	5	6	7	8
合 计	1	**19 502 924**	**11 076 476**	**8 426 448**	**430 380**	**15 597 244**	**3 475 300**	**1 270 145**	**1 966 743**
务 工	2	16 505 387	9 510 665	6 994 722	280 679	13 594 681	2 630 027	815 370	1 466 584
务 农	3	141 549	84 767	56 782	2 610	108 573	30 366	11 612	21 800
经 商	4	627 705	371 697	256 008	20 112	430 219	177 374	100 743	122 168
服 务	5	583 761	256 627	327 134	18 471	434 685	130 605	34 277	64 658
因公出差	6	21 522	13 255	8 267	15 445	4 115	1 962	3 184	5 365
借读培训	7	465 954	247 665	218 289	4 583	200 877	260 494	185 514	125 565
治病疗养	8	13 282	7 323	5 959	7 861	5 096	325	2 369	6 329
保 姆	9	20 675	1 320	19 355	425	13 921	6 329	2 349	5 307
投靠亲友	10	78 016	31 820	46 196	3 721	54 541	19 754	10 861	12 705
探亲访友	11	42 877	21 058	21 819	15 708	23 797	3 372	4 131	5 675
旅游观光	12	37 362	21 990	15 372	35 146	2 061	155	7 691	5 232
其 他	13	964 834	508 289	456 545	25 619	724 678	214 537	92 044	125 355

自 地 区				居 住 处 所					
省市	外县	港澳台	国外	旅店	居民家中	单位内部	工地现场	租赁房屋	其他
9	10	11	12	13	14	15	16	17	18
4 439 297	**11 744 321**	**24 211**	**58 207**	**114 280**	**827 437**	**4 581 707**	**740 234**	**12 870 926**	**368 340**
3 810 227	10 391 869	10 675	10 662	15 587	617 534	3 945 953	697 809	10 992 653	235 851
30 568	77 566	3		80	11 089	9 681	10 228	99 546	10 925
142 611	231 568	6 554	24 061	27 553	47 072	48 084	7 199	475 344	22 453
136 303	348 355	72	96	3 760	28 729	112 733	9 286	419 077	10 176
4 797	4 470	1 206	2 500	14 831	801	2 567	89	2 749	485
71 822	80 412	352	2 289	1 408	15 300	368 574	878	52 146	27 648
1 772	2 772	22	18	469	722	5 522	7	4 210	2 352
4 268	8 745	1	5	96	10 604	1 033	61	8 643	238
16 971	35 757	621	1 101	150	26 251	3 872	1 205	44 511	2 027
6 460	12 482	2 199	11 930	4 483	18 463	1 166	684	16 879	1 202
12 658	5 835	1 442	4 504	33 567	2 024	264	4	1 343	160
200 840	544 490	1 064	1 041	12 296	48 848	82 258	12 784	753 825	54 823

甲		合计	性别		暂住时间			来	
			男	女	一个月以下	一个月至一年	一年以上	省内市	内县
甲		1	2	3	4	5	6	7	8
合　计	1	**1 563 444**	**980 485**	**582 959**	**119 666**	**830 713**	**613 065**	**382 926**	**675 476**
务　工	2	858 036	578 548	279 488	53 102	511 179	293 755	192 974	386 930
务　农	3	24 809	15 534	9 275	1 282	11 528	11 999	5 410	10 942
经　商	4	238 758	152 507	86 251	18 176	109 819	110 763	57 975	94 218
服　务	5	103 729	47 076	56 653	13 954	57 356	32 419	23 787	43 486
因公出差	6	9 591	4 918	4 673	2 574	3 171	3 846	2 587	4 650
借读培训	7	126 952	69 116	57 836	2 950	37 517	86 485	51 066	47 992
治病疗养	8	2 857	1 499	1 358	655	1 592	610	1 051	1 027
保　姆	9	9 979	2 046	7 933	905	5 281	3 793	1 448	5 069
投靠亲友	10	66 235	31 403	34 832	7 186	30 672	28 377	16 303	28 465
探亲访友	11	11 924	6 517	5 407	5 209	4 680	2 035	2 909	4 653
旅游观光	12	5 393	3 087	2 306	4 300	991	102	1 432	1 627
其　他	13	105 181	68 234	36 947	9 373	56 927	38 881	25 984	46 417

徽

自	地	区		居	住	处	所		
省市	外县	港澳台	国外	旅店	居民家中	单位内部	工地现场	租赁房屋	其他
9	10	11	12	13	14	15	16	17	18
195 937	**307 425**	**541**	**1 139**	**22 612**	**257 794**	**280 712**	**227 713**	**685 514**	**89 099**
106 555	171 041	99	437	2 506	88 239	156 307	199 767	369 861	41 356
3 494	4 962		1	200	7 192	1 420	5 186	9 994	817
35 536	50 728	165	136	3 217	38 992	18 462	9 357	159 672	9 058
15 110	21 292	6	48	3 091	16 200	14 627	3 831	63 109	2 871
1 329	1 013	4	8	2 821	278	5 247	140	981	124
9 728	18 060	13	93	508	16 097	65 975	1 151	23 811	19 410
398	379	2		131	1 170	322	26	1 118	90
1 206	2 255		1	19	6 812	294	360	2 063	431
7 389	13 925	68	85	670	43 203	5 008	1 328	14 395	1 631
1 789	2 455	65	53	1 087	6 617	316	445	3 198	261
522	1 770	24	18	4 428	762	38	44	71	50
12 881	19 545	95	259	3 934	32 232	12 696	6 078	37 241	13 000

甲		合计	性别		暂住时间			来	
			男	女	一个月以下	一个月至一年	一年以上	省内 市	内 县
甲		1	2	3	4	5	6	7	8
合　计	1	**4 741 502**	**2 786 350**	**1 955 152**	**235 879**	**2 515 049**	**1 990 574**	**400 360**	**1 628 974**
务　工	2	4 219 875	2 502 446	1 717 429	193 284	2 289 780	1 736 811	322 008	1 451 127
务　农	3	39 336	14 966	24 370	4 621	30 881	3 834	5 990	3 588
经　商	4	86 402	55 390	31 012	4 886	51 025	30 491	16 274	31 497
服　务	5	84 145	35 651	48 494	6 265	62 173	15 707	16 504	26 299
因公出差	6	1 437	942	495	343	879	215	563	321
借读培训	7	135 708	78 228	57 480	8 765	24 207	102 736	18 190	46 389
治病疗养	8	819	482	337	253	455	111	123	277
保　姆	9	6 991	980	6 011	54	4 285	2 652	679	2 686
投靠亲友	10	21 816	11 466	10 350	1 315	12 237	8 264	3 061	4 686
探亲访友	11	6 454	3 147	3 307	1 735	2 836	1 883	580	1 107
旅游观光	12	2 012	948	1 064	1 001	788	223	436	256
其　他	13	136 507	81 704	54 803	13 357	35 503	87 647	15 952	60 741

建

自		地 区		居	住	处		所	
省市	外县	港澳台	国外	旅店	居民家中	单位内部	工地现场	租赁房屋	其他
9	10	11	12	13	14	15	16	17	18
703 040	**1 966 521**	**28 247**	**14 360**	**33 583**	**416 846**	**1 295 424**	**261 217**	**2 599 865**	**134 567**
638 054	1 794 605	13 930	151	8 343	331 377	1 204 134	257 869	2 327 652	90 500
1 352	28 401	5		215	1 453	317	98	36 199	1 054
15 072	19 978	2 253	1 328	1 094	16 389	17 178	1 188	48 369	2 184
16 832	24 507	3		1 399	8 835	25 640	1 025	46 618	628
338	215			154	207	758	16	278	24
13 476	57 134	377	142	575	10 000	33 751	30	86 115	5 237
182	205	29	3	16	401	49	11	331	11
858	2 756		12	1	6 641	125	1	162	61
2 010	4 068	1 323	6 668	20	16 829	792	128	3 632	415
743	783	1 567	1 674	1 350	3 511	511	61	865	156
352	257	189	522	707	979	70	3	214	39
13 771	33 612	8 571	3 860	19 709	20 224	12 099	787	49 430	34 258

		合计	性　别		暂　住　时　间			来	
			男	女	一个月以下	一个月至一年	一年以上	省内市	省内县
甲		1	2	3	4	5	6	7	8
合　　计	1	**641 315**	**395 461**	**245 854**	**39 839**	**300 826**	**300 650**	**136 884**	**271 009**
务　　工	2	353 473	230 324	123 149	17 444	196 535	139 494	75 545	151 821
务　　农	3	23 159	14 511	8 648	2 073	8 845	12 241	3 290	12 352
经　　商	4	89 208	56 861	32 347	9 877	37 022	42 309	19 545	32 804
服　　务	5	53 558	22 718	30 840	4 151	26 590	22 817	8 496	25 449
因公出差	6	1 674	870	804	323	1 008	343	380	297
借读培训	7	94 637	57 378	37 259	193	20 279	74 165	23 960	38 676
治病疗养	8	579	315	264	76	385	118	248	185
保　　姆	9	3 434	218	3 216	301	1 284	1 849	364	1 471
投靠亲友	10	5 960	3 251	2 709	586	2 958	2 416	1 518	3 711
探亲访友	11	1 548	928	620	741	543	264	295	291
旅游观光	12	1 636	853	783	1 369	228	39	291	197
其　　他	13	12 449	7 234	5 215	2 705	5 149	4 595	2 952	3 755

西

自 地 区				居 住 处 所					
省市	外县	港澳台	国外	旅店	居民家中	单位内部	工地现场	租赁房屋	其他
9	10	11	12	13	14	15	16	17	18
81 883	**149 522**	**433**	**1 584**	**9 083**	**62 623**	**211 981**	**92 020**	**230 726**	**34 882**
37 976	87 550	84	497	2 129	26 259	107 453	75 493	123 119	19 020
1 888	5 629			14	4 339	2 863	4 997	9 739	1 207
15 796	20 900	118	45	1 752	10 639	12 636	6 365	53 183	4 633
6 305	13 296	2	10	2 278	5 742	9 281	2 698	30 928	2 631
186	798		13	447	94	800	43	155	135
15 383	16 069	16	533	206	3 554	77 263	1 548	9 114	2 952
113	32	1		14	110	99		328	28
625	972	1	1	13	2 650	21	28	673	49
274	403	28	26	34	5 448	81	30	301	66
277	468	126	91	203	1 053	153	6	59	74
407	389	36	316	1 324	252	23		17	20
2 653	3 016	21	52	669	2 483	1 308	812	3 110	4 067

山

甲		合计	性别		暂住时间			来	
			男	女	一个月以下	一个月至一年	一年以上	省内市	县
甲		1	2	3	4	5	6	7	8
合　计	1	5 865 380	3 515 856	2 349 524	191 221	4 221 712	1 452 447	1 135 079	2 597 715
务　工	2	4 021 550	2 481 058	1 540 492	102 983	3 229 247	689 320	700 930	1 786 180
务　农	3	84 999	50 661	34 338	2 963	66 960	15 076	22 559	27 961
经　商	4	472 950	302 732	170 218	25 624	304 467	142 859	96 944	177 727
服　务	5	246 883	117 103	129 780	14 590	164 595	67 698	53 404	97 919
因公出差	6	14 497	9 749	4 748	6 629	6 072	1 796	4 044	3 670
借读培训	7	656 698	359 016	297 682	7 601	279 202	369 895	164 308	381 413
治病疗养	8	3 658	1 949	1 709	884	1 503	1 271	737	1 358
保　姆	9	6 262	946	5 316	903	3 234	2 125	1 208	2 507
投靠亲友	10	39 304	17 837	21 467	3 026	26 204	10 074	9 198	14 503
探亲访友	11	24 458	12 835	11 623	6 038	13 284	5 136	6 656	6 649
旅游观光	12	13 578	7 497	6 081	9 994	1 920	1 664	4 076	4 755
其　他	13	280 543	154 473	126 070	9 986	125 024	145 533	71 015	93 073

东

自		地 区		居	住	处	所		
省	外	港澳台	国外	旅店	居民家中	单位内部	工地现场	租赁房屋	其他
市	县								
9	10	11	12	13	14	15	16	17	18
633 209	1 476 385	3 564	19 428	74 560	470 618	2 578 018	539 973	1 879 458	322 753
413 442	1 113 453	891	6 654	25 631	266 093	1 821 632	492 953	1 330 057	85 184
16 263	18 214		2	438	12 697	8 122	4 368	55 823	3 551
67 588	122 183	1 085	7 423	15 781	68 906	57 591	15 450	290 594	24 628
31 442	62 626	602	890	4 292	27 033	90 627	12 514	102 610	9 807
2 961	3 347	97	378	6 596	1 288	2 932	696	2 509	476
39 931	70 086	69	891	2 620	17 180	535 927	2 706	28 585	69 680
730	781	1	51	76	675	1 138	379	1 076	314
893	1 570	2	82	31	4 909	227	94	935	66
6 784	8 595	47	177	927	23 981	1 999	453	9 396	2 548
5 438	4 451	425	839	3 071	14 347	1 290	577	3 976	1 197
2 815	1 574	79	279	7 204	2 429	3 702	4	90	149
44 922	69 505	266	1 762	7 893	31 080	52 831	9 779	53 807	125 153

河

甲		合计	性别		暂住时间			来	
			男	女	一个月以下	一个月至一年	一年以上	省内市	省内县
甲		1	2	3	4	5	6	7	8
合　　计	1	**3 496 412**	**2 138 222**	**1 358 190**	**311 182**	**1 444 146**	**1 741 084**	**1 214 168**	**1 661 897**
务　　工	2	2 264 303	1 418 975	845 328	177 684	947 563	1 139 056	777 741	1 096 614
务　　农	3	20 246	12 582	7 664	3 456	7 763	9 027	7 212	10 145
经　　商	4	321 561	216 243	105 318	21 289	108 460	191 812	104 443	130 695
服　　务	5	116 221	60 586	55 635	7 189	47 901	61 131	33 616	59 238
因公出差	6	18 471	14 018	4 453	4 473	6 506	7 492	7 446	5 458
借读培训	7	432 804	244 838	187 966	36 902	178 047	217 855	158 802	204 873
治病疗养	8	4 576	2 605	1 971	2 104	1 826	646	1 213	2 938
保　　姆	9	4 789	463	4 326	411	2 823	1 555	1 364	2 773
投靠亲友	10	44 945	18 922	26 023	4 977	22 236	17 732	17 497	19 564
探亲访友	11	26 775	12 524	14 251	7 134	12 746	6 895	10 266	10 986
旅游观光	12	13 307	8 396	4 911	3 134	5 697	4 476	7 744	3 402
其　　他	13	228 414	128 070	100 344	42 429	102 578	83 407	86 824	115 211

南

自		地	区	居	住	处	所		
省	外	港澳台	国外	旅店	居民家中	单位内部	工地现场	租赁房屋	其他
市	县								
9	10	11	12	13	14	15	16	17	18
253 049	**366 503**	**333**	**462**	**136 090**	**851 564**	**1 126 189**	**244 404**	**855 279**	**282 886**
156 022	233 652	107	167	63 795	570 663	684 503	228 586	623 816	92 940
1 346	1 543			1 161	7 792	3 212	1 987	3 822	2 272
39 025	47 357	32	9	21 604	102 667	53 667	5 785	115 152	22 686
11 501	11 852	4	10	4 803	32 934	27 185	2 389	43 192	5 718
2 800	2 762	5		11 091	1 237	4 041	288	1 010	804
22 859	46 201	6	63	2 706	28 458	303 839	1 338	28 957	67 506
190	235			517	738	1 899	37	416	969
278	373	1		38	3 021	213	88	793	636
3 725	4 137	11	11	772	35 282	1 730	218	5 227	1 716
2 257	3 111	139	16	5 548	15 475	1 099	262	2 302	2 089
1 217	844		100	6 027	3 046	945	836	942	1 511
11 829	14 436	28	86	18 028	50 251	43 856	2 590	29 650	84 039

甲		合计	性别		暂住时间			来	
			男	女	一个月以下	一个月至一年	一年以上	省内市	省内县
甲		1	2	3	4	5	6	7	8
合　计	1	1 974 442	1 181 695	792 747	126 484	1 147 869	700 089	365 722	696 514
务　工	2	1 041 561	681 473	360 088	59 118	623 033	359 410	183 733	383 536
务　农	3	36 629	23 100	13 529	2 856	16 216	17 557	5 412	14 421
经　商	4	284 366	174 669	109 697	17 637	141 851	124 878	51 660	115 329
服　务	5	95 729	43 934	51 795	4 895	46 455	44 379	17 156	41 046
因公出差	6	16 384	13 736	2 648	13 504	2 225	655	6 741	2 455
借读培训	7	108 126	63 406	44 720	2 342	78 345	27 439	26 392	14 296
治病疗养	8	1 173	794	379	452	486	235	460	298
保　姆	9	5 257	767	4 490	232	1 652	3 373	883	2 973
投靠亲友	10	31 027	14 889	16 138	1 843	14 168	15 016	6 833	8 974
探亲访友	11	12 101	6 256	5 845	3 068	7 769	1 264	3 098	4 191
旅游观光	12	11 080	7 190	3 890	8 369	2 021	690	2 692	2 918
其　他	13	331 009	151 481	179 528	12 168	213 648	105 193	60 662	106 077

自 地 区				居 住 处 所					
省 外		港澳台	国外	旅店	居民家中	单位内部	工地现场	租赁房屋	其他
市	县								
9	10	11	12	13	14	15	16	17	18
525 405	**369 946**	**4 214**	**12 641**	**58 851**	**191 587**	**322 179**	**138 866**	**1 113 708**	**149 251**
265 704	206 267	625	1 696	3 841	85 749	178 338	107 562	629 747	36 324
7 804	8 992			464	11 119	2 635	2 460	11 668	8 283
73 436	42 280	653	1 008	5 403	24 009	20 561	9 958	197 585	26 850
23 219	14 243	30	35	2 286	14 710	13 100	5 709	56 792	3 132
5 641	1 411	12	124	14 385	143	850	85	611	310
22 761	38 725	1 394	4 558	2 708	6 395	27 252	160	39 480	32 131
148	265		2	220	186	287	10	257	213
493	908			120	4 490	106	9	442	90
8 773	6 360	21	66	3 346	18 805	823	260	5 410	2 383
2 204	1 990	240	378	1 173	9 315	263	19	1 103	228
1 262	1 075	1 089	2 044	8 977	1 093	90		691	229
113 960	47 430	150	2 730	15 928	15 573	77 874	12 634	169 922	39 078

湖

甲		合计	性别		暂住时间			来	
			男	女	一个月以下	一个月至一年	一年以上	省市	内县
甲		1	2	3	4	5	6	7	8
合　计	1	**2 116 111**	**1 259 990**	**856 121**	**169 597**	**1 652 178**	**294 336**	**691 676**	**1 012 510**
务　工	2	1 410 942	880 695	530 247	104 637	1 178 710	127 595	493 144	678 257
务　农	3	36 595	21 746	14 849	2 446	19 903	14 246	8 237	17 048
经　商	4	217 893	127 327	90 566	16 219	120 227	81 447	50 329	108 782
服　务	5	103 014	43 631	59 383	8 628	62 510	31 876	24 464	50 557
因公出差	6	20 236	14 747	5 489	4 454	14 443	1 339	7 806	6 295
借读培训	7	177 411	90 769	86 642	9 558	151 462	16 391	63 421	82 259
治病疗养	8	6 229	3 604	2 625	2 179	2 358	1 692	1 918	2 502
保　姆	9	18 497	3 575	14 922	1 518	9 924	7 055	3 289	11 149
投靠亲友	10	17 068	8 994	8 074	3 485	8 700	4 883	4 916	7 609
探亲访友	11	22 100	13 789	8 311	3 154	16 931	2 015	4 786	11 266
旅游观光	12	9 690	5 989	3 701	5 227	3 816	647	2 363	3 474
其　他	13	76 436	45 124	31 312	8 092	63 194	5 150	27 003	33 312

南

南

自 地 区				居 住 处 所					
省市	外县	港澳台	国外	旅店	居民家中	单位内部	工地现场	租赁房屋	其他
9	10	11	12	13	14	15	16	17	18
165 730	244 392	1 125	678	248 365	320 536	297 244	141 963	765 611	342 392
90 525	148 839	127	50	180 178	200 545	189 170	114 935	516 436	209 678
4 088	7 175	29	18	1 406	9 757	2 916	4 783	13 306	4 427
21 726	36 901	119	36	8 469	37 630	25 097	7 361	125 513	13 823
11 519	16 441	14	19	4 998	8 479	22 017	11 772	43 072	12 676
2 877	3 229	18	11	13 167	2 528	1 703	321	1 038	1 479
18 306	13 395	17	13	2 069	22 334	37 825	620	47 738	66 825
554	1 189	35	31	1 083	2 187	1 290	195	1 116	358
1 801	2 221	28	9	167	13 942	2 727	129	882	650
1 622	2 596	247	78	489	8 619	3 207	189	3 511	1 053
2 783	2 735	368	162	11 205	7 729	914	167	1 437	648
1 953	1 633	84	183	6 702	1 031	805	55	997	100
7 976	8 038	39	68	18 432	5 755	9 573	1 436	10 565	30 675

甲		合 计	性 男	别 女	暂 住 一 个 月 以 下	时 间 一至 个一 月年	 一 年 以 上	来 省 市	 内 县
甲		1	2	3	4	5	6	7	8
合　　计	1	**27 730 005**	**14 733 234**	**12 996 771**	**2 282 830**	**13 144 866**	**12 302 309**	**3 069 319**	**4 231 894**
务　　工	2	20 400 526	10 892 175	9 508 351	1 377 327	9 926 555	9 096 644	1 955 747	2 881 941
务　　农	3	421 286	234 316	186 970	27 302	187 808	206 176	51 351	79 242
经　　商	4	1 984 626	1 211 170	773 456	178 311	774 031	1 032 284	365 083	383 325
服　　务	5	2 068 478	935 609	1 132 869	206 973	1 024 417	837 088	289 272	359 223
因公出差	6	127 870	81 481	46 389	57 467	48 592	21 811	24 172	20 312
借读培训	7	465 342	259 772	205 570	38 454	178 646	248 242	103 981	116 125
治病疗养	8	29 020	16 260	12 760	9 852	12 482	6 686	6 432	6 500
保　　姆	9	160 442	29 100	131 342	11 966	78 900	69 576	17 140	30 697
投靠亲友	10	457 207	222 331	234 876	76 965	193 042	187 200	61 863	89 327
探亲访友	11	238 703	122 459	116 244	79 043	101 959	57 701	35 560	49 856
旅游观光	12	146 182	79 003	67 179	82 773	43 379	20 030	29 365	23 353
其　　他	13	1 230 323	649 558	580 765	136 397	575 055	518 871	129 353	191 993

自		地 区		居 住 处 所					
省市	外县	港澳台	国外	旅店	居民家中	单位内部	工地现场	租赁房屋	其他
9	10	11	12	13	14	15	16	17	18
7 436 868	**12 769 558**	**152 162**	**70 204**	**372 716**	**1 040 100**	**8 275 038**	**969 900**	**15 844 556**	**1 227 695**
5 358 241	10 136 356	45 794	22 447	51 764	357 421	7 033 910	799 886	11 542 973	614 572
115 482	175 055	86	70	3 701	31 912	43 108	62 819	229 089	50 657
565 563	613 692	41 110	15 853	58 591	159 058	289 737	20 782	1 357 906	98 552
650 483	764 597	2 317	2 586	28 279	78 148	502 724	32 120	1 324 566	102 641
47 995	30 166	3 775	1 450	49 280	6 158	20 895	1 584	42 503	7 450
98 698	138 947	4 673	2 918	11 910	50 310	139 858	1 377	216 328	45 559
7 423	7 722	547	396	2 724	7 598	2 615	163	9 685	6 235
50 685	61 743	40	137	1 327	74 470	11 271	494	67 123	5 757
119 978	175 465	5 714	4 860	8 433	132 050	24 400	3 245	245 727	43 352
56 951	83 156	7 657	5 523	21 802	64 568	15 200	1 870	116 109	19 154
42 717	39 120	8 202	3 425	87 148	13 612	5 942	1 207	29 509	8 764
322 652	543 539	32 247	10 539	47 757	64 795	185 378	44 353	663 038	225 002

广

甲		合计	性别		暂住时间			来	
			男	女	一个月以下	一个月至一年	一年以上	省内市	内县
		1	2	3	4	5	6	7	8
合　计	1	**1 915 740**	**1 184 304**	**731 436**	**72 276**	**1 102 915**	**740 549**	**262 339**	**994 898**
务　工	2	1 096 313	710 953	385 360	32 530	677 271	386 512	128 171	609 571
务　农	3	18 503	10 854	7 649	1 198	7 957	9 348	4 675	8 777
经　商	4	172 104	108 830	63 274	6 954	94 833	70 317	26 985	66 504
服　务	5	83 802	43 910	39 892	1 963	38 047	43 792	10 899	41 659
因公出差	6	3 398	2 329	1 069	1 546	1 682	170	534	1 597
借读培训	7	121 293	65 986	55 307	2 430	72 011	46 852	32 893	63 941
治病疗养	8	1 585	1 172	413	184	1 143	258	107	1 024
保　姆	9	3 748	189	3 559	111	1 767	1 870	614	1 618
投靠亲友	10	25 563	16 385	9 178	1 876	12 267	11 420	3 787	12 559
探亲访友	11	5 633	3 452	2 181	1 249	2 614	1 770	833	1 956
旅游观光	12	11 014	6 690	4 324	8 361	2 380	273	2 249	3 088
其　他	13	372 784	213 554	159 230	13 874	190 943	167 967	50 592	182 604

西

自	地		区		居	住	处		所	
省	外	港澳台	国外	旅店	居民家中	单位内部	工地现场	租赁房屋	其他	
市	县									
9	10	11	12	13	14	15	16	17	18	
220 982	**435 595**	**926**	**1 000**	**26 821**	**409 850**	**286 344**	**221 274**	**648 578**	**322 873**	
105 872	252 418	159	122	8 053	250 296	150 089	184 628	386 908	116 339	
2 011	3 038		2	88	2 797	851	1 971	11 366	1 430	
27 907	50 514	135	59	1 462	39 793	11 604	4 569	95 548	19 128	
12 909	18 327	4	4	1 627	8 574	10 843	16 365	36 787	9 606	
443	822	1	1	2 036	625	456	20	170	91	
10 742	13 641	14	62	608	17 453	71 376	183	8 805	22 868	
157	297			139	551	193	37	564	101	
624	892			102	2 292	411	5	929	9	
3 683	5 479	40	15	975	11 890	1 552	262	8 847	2 037	
721	1 559	350	214	519	3 461	306	15	1 178	154	
3 379	1 843	188	267	8 825	531	116	19	724	799	
52 534	86 765	35	254	2 387	71 587	38 547	13 200	96 752	150 311	

海

		合 计	性 别		暂 住 时 间			来	
			男	女	一个月以下	一个月至一年	一年以上	省 内 市	县
甲		1	2	3	4	5	6	7	8
合 计	1	413 037	252 497	160 540	42 254	174 992	195 791	85 556	92 032
务 工	2	224 375	150 072	74 303	19 284	104 874	100 217	42 861	50 076
务 农	3	12 213	8 095	4 118	1 097	5 632	5 484	2 463	2 601
经 商	4	58 880	35 885	22 995	4 475	22 531	31 874	14 615	13 839
服 务	5	59 204	26 932	32 272	4 123	23 103	31 978	14 766	14 060
因公出差	6	1 240	731	509	497	312	431	348	224
借读培训	7	2 988	1 404	1 584	171	1 470	1 347	743	857
治病疗养	8	8 710	5 487	3 223	948	3 103	4 659	910	1 336
保 姆	9	3 573	433	3 140	334	1 320	1 919	935	1 095
投靠亲友	10	7 524	3 787	3 737	1 608	3 033	2 883	1 387	2 067
探亲访友	11	5 767	2 918	2 849	1 804	2 160	1 803	1 134	905
旅游观光	12	9 062	4 921	4 141	5 856	2 366	840	532	825
其 他	13	19 501	11 832	7 669	2 057	5 088	12 356	4 862	4 147

自 地 区				居 住 处 所					
省市	外县	港澳台	国外	旅店	居民家中	单位内部	工地现场	租赁房屋	其他
9	10	11	12	13	14	15	16	17	18
93 648	**135 802**	**2 381**	**3 618**	**11 317**	**43 372**	**53 218**	**74 829**	**193 403**	**36 898**
54 393	76 097	448	500	1 758	17 968	29 940	60 109	97 244	17 356
2 784	4 347	13	5	128	1 318	892	2 757	3 281	3 837
9 951	19 701	637	137	780	4 347	5 935	3 966	38 518	5 334
12 200	18 079	8	91	547	6 754	9 599	4 962	33 055	4 287
327	283	31	27	480	29	189	74	346	122
631	527	5	225	43	571	1 162	117	881	214
3 246	3 210	5	3	72	1 669	1 117	19	5 245	588
457	1 086			71	2 298	427	43	422	312
1 412	2 354	128	176	533	2 256	628	292	3 558	257
1 347	1 607	370	404	850	1 691	203	134	2 627	262
2 074	3 577	661	1 393	5 219	747	146	122	1 972	856
4 826	4 934	75	657	836	3 724	2 980	2 234	6 254	3 473

甲		合计	性别		暂住时间			来	
			男	女	一个月以下	一至一个月年	一年以上	省市	内县
甲		1	2	3	4	5	6	7	8
合 计	1	**2 664 851**	**1 554 516**	**1 110 335**	**65 577**	**2 479 456**	**119 818**	**365 651**	**1 637 988**
务 工	2	1 037 268	694 025	343 243	21 723	960 033	55 512	121 326	640 218
务 农	3	618 305	332 657	285 648	4 733	601 877	11 695	78 136	382 450
经 商	4	244 751	135 212	109 539	4 236	222 834	17 681	28 438	153 134
服 务	5	193 302	97 878	95 424	3 283	183 408	6 611	25 617	122 280
因公出差	6	20 634	13 625	7 009	2 234	17 956	444	5 646	9 997
借读培训	7	259 581	135 925	123 656	4 538	243 568	11 475	45 903	163 807
治病疗养	8	9 482	4 544	4 938	5 382	4 020	80	1 527	7 119
保 姆	9	4 667	1 353	3 314	86	4 117	464	699	3 319
投靠亲友	10	80 500	35 569	44 931	736	73 218	6 546	16 348	46 471
探亲访友	11	7 849	3 722	4 127	1 057	6 365	427	1 415	3 670
旅游观光	12	15 289	7 630	7 659	14 229	835	225	10 246	3 202
其 他	13	173 223	92 376	80 847	3 340	161 225	8 658	30 350	102 321

庆

自	地	区		居	住	处	所		
省 外		港澳台	国 外	旅 店	居 民 家 中	单 位 内 部	工地现场	租 赁 房 屋	其 他
市	县								
9	10	11	12	13	14	15	16	17	18
118 811	**540 204**	**1 550**	**647**	**31 564**	**509 951**	**671 132**	**240 064**	**1 030 966**	**181 174**
37 601	237 466	497	160	4 954	85 821	370 905	209 629	317 280	48 679
28 305	129 073	310	31	2 695	170 641	36 826	15 871	360 785	31 487
11 520	51 402	197	60	3 757	52 644	12 559	3 816	145 836	26 139
8 681	36 561	128	35	3 774	46 461	27 488	4 730	94 973	15 876
1 936	3 011	31	13	1 727	3 349	7 815	641	6 226	876
12 570	37 103	84	114	1 368	14 094	192 776	632	22 310	28 401
185	645	6		660	777	6 535	175	1 206	129
92	555	2		6	2 227	393	370	1 523	148
5 433	12 132	90	26	175	68 967	1 009	135	9 078	1 136
1 040	1 629	50	45	815	4 723	686	48	1 438	139
680	1 113	9	39	10 541	1 189	162	20	3 136	241
10 768	29 514	146	124	1 092	59 058	13 978	3 997	67 175	27 923

甲		合计	性别		暂住时间			来省内	
			男	女	一个月以下	一个月至一年	一年以上	省市	内县
甲		1	2	3	4	5	6	7	8
合　　计	1	3 342 181	2 045 699	1 296 482	1 126 387	1 337 511	878 283	833 482	1 624 816
务　　工	2	1 920 084	1 227 730	692 354	618 883	825 198	476 003	474 581	966 370
务　　农	3	31 284	19 625	11 659	5 967	13 335	11 982	7 447	17 104
经　　商	4	400 472	258 209	142 263	90 799	163 852	145 821	96 177	179 516
服　　务	5	180 016	84 468	95 548	42 837	86 213	50 966	37 854	96 360
因公出差	6	109 756	73 491	36 265	95 345	8 904	5 507	22 546	58 430
借读培训	7	225 418	127 653	97 765	44 329	96 611	84 478	64 922	108 267
治病疗养	8	9 755	5 627	4 128	5 710	2 620	1 425	2 042	5 840
保　　姆	9	16 894	2 224	14 670	2 952	7 697	6 245	2 763	11 079
投靠亲友	10	98 004	52 136	45 868	23 144	42 057	32 803	26 352	43 962
探亲访友	11	60 277	33 299	26 978	32 327	18 519	9 431	16 362	24 404
旅游观光	12	102 688	58 536	44 152	94 700	5 231	2 757	28 850	28 734
其　　他	13	187 533	102 701	84 832	69 394	67 274	50 865	53 586	84 750

川

自 地 区				居 住 处 所					
省市	外县	港澳台	国外	旅店	居民家中	单位内部	工地现场	租赁房屋	其他
9	10	11	12	13	14	15	16	17	18
415 339	457 689	3 789	7 066	322 053	488 306	548 237	531 362	1 249 207	203 016
228 630	247 070	703	2 730	63 249	216 958	312 375	477 021	801 353	49 128
1 851	4 877	1	4	2 201	8 745	2 511	3 217	9 628	4 982
60 777	63 371	407	224	24 832	56 541	40 213	14 440	245 628	18 818
15 883	29 466	157	296	13 987	29 029	38 514	10 848	80 863	6 775
14 240	14 083	38	419	84 446	5 129	9 918	3 462	5 271	1 530
23 241	28 445	82	461	7 309	26 301	115 133	2 618	31 662	42 395
790	1 055	4	24	1 751	3 165	1 785	93	2 481	480
1 090	1 961		1	326	13 538	580	174	1 703	573
13 138	14 228	144	180	4 356	62 312	3 216	3 575	19 311	5 234
8 453	9 516	698	844	12 371	35 073	2 304	1 534	7 079	1 916
26 725	15 381	1 397	1 601	90 152	5 066	982	557	1 959	3 972
20 521	28 236	158	282	17 073	26 449	20 706	13 823	42 269	67 213

		合	性	别	暂	住	时	间	来	
			男	女	一个月以下	一个月至一年	一年以上		省市	内县
		计								
甲		1	2	3	4	5	6		7	8
合　　计	1	1 472 389	924 501	547 888	145 489	612 525	714 375		306 366	642 276
务　　工	2	802 576	549 889	252 687	64 410	355 659	382 507		167 541	361 978
务　　农	3	52 533	34 020	18 513	7 318	13 311	31 904		12 511	27 239
经　　商	4	266 721	162 441	104 280	17 409	105 146	144 166		48 113	92 419
服　　务	5	123 657	54 574	69 083	12 976	60 923	49 758		24 952	53 107
因公出差	6	7 700	4 708	2 992	5 501	1 384	815		1 602	3 262
借读培训	7	35 740	19 585	16 155	1 532	14 915	19 293		9 145	19 632
治病疗养	8	4 378	2 372	2 006	1 865	1 501	1 012		1 094	2 731
保　　姆	9	9 082	1 461	7 621	1 191	4 523	3 368		2 389	5 395
投靠亲友	10	28 912	14 802	14 110	4 525	10 491	13 896		5 836	12 846
探亲访友	11	13 693	8 259	5 434	5 035	4 802	3 856		3 788	5 092
旅游观光	12	10 826	6 033	4 793	8 024	1 935	867		2 520	2 040
其　　他	13	116 571	66 357	50 214	15 703	37 935	62 933		26 875	56 535

自		地	区	居	住		处		所
省 市	外 县	港澳台	国外	旅店	居民家中	单位内部	工地现场	租赁房屋	其他
9	10	11	12	13	14	15	16	17	18
207 972	**314 602**	**754**	**419**	**31 774**	**141 809**	**143 973**	**229 524**	**803 692**	**121 617**
106 265	166 582	156	54	4 776	48 974	91 690	191 007	413 625	52 504
5 053	7 730			551	10 976	2 640	6 318	28 015	4 033
55 662	70 421	81	25	4 208	20 513	14 331	12 325	193 941	21 403
15 053	30 533	1	11	3 392	11 152	13 006	6 311	81 579	8 217
1 198	1 626	3	9	5 032	492	717	255	830	374
3 819	3 053	8	83	575	3 962	9 845	662	15 444	5 252
262	288	3		673	973	791	106	667	1 168
531	767			364	5 788	554	394	1 196	786
3 968	6 217	31	14	447	16 926	1 064	1 898	6 653	1 924
2 275	2 423	77	38	1 651	7 954	435	885	1 957	811
2 012	3 776	360	118	6 804	2 668	151	268	413	522
11 874	21 186	34	67	3 301	11 431	8 749	9 095	59 372	24 623

云

甲		合计	性别		暂住时间			来	
			男	女	一个月以下	一至一年	一年以上	省内市	县
甲		1	2	3	4	5	6	7	8
合　计	1	**2 297 462**	**1 455 503**	**841 959**	**419 055**	**971 062**	**907 345**	**310 563**	**954 306**
务　工	2	1 523 637	977 314	546 323	250 568	646 179	626 890	205 898	632 894
务　农	3	40 270	27 608	12 662	6 978	15 750	17 542	7 017	21 051
经　商	4	373 238	242 232	131 006	86 130	144 976	142 132	52 941	124 718
服　务	5	195 198	111 380	83 818	20 881	100 615	73 702	19 396	107 855
因公出差	6	3 259	2 183	1 076	1 985	757	517	829	1 095
借读培训	7	28 208	16 028	12 180	2 754	19 236	6 218	3 789	15 080
治病疗养	8	1 983	1 080	903	616	975	392	617	709
保　姆	9	5 196	321	4 875	519	2 415	2 262	820	2 574
投靠亲友	10	19 857	10 680	9 177	2 671	7 850	9 336	3 617	6 669
探亲访友	11	5 526	3 186	2 340	1 694	1 753	2 079	946	2 096
旅游观光	12	4 089	2 230	1 859	3 465	279	345	786	1 243
其　他	13	97 001	61 261	35 740	40 794	30 277	25 930	13 907	38 322

南

自　　地　　区				居　　住　　处　　所					
省　外		港澳台	国外	旅店	居民家中	单位内部	工地现场	租赁房屋	其他
市	县								
9	10	11	12	13	14	15	16	17	18
290 290	**731 789**	**947**	**9 567**	**35 196**	**298 397**	**380 482**	**249 973**	**1 171 057**	**162 357**
182 763	496 699	71	5 312	15 572	152 323	292 304	231 720	761 702	70 016
2 195	9 935		72	304	6 528	3 114	3 442	13 670	13 212
56 933	136 407	498	1 741	6 600	51 767	26 604	7 133	257 161	23 973
25 000	41 351	191	1 405	2 905	51 023	29 180	1 767	103 695	6 628
639	696			1 407	454	586	72	640	100
2 531	6 182	1	625	1 682	1 752	18 607	231	3 814	2 122
321	321		15	604	406	180	8	614	171
579	1 223			92	3 634	383	27	756	304
2 963	6 536	11	61	177	13 432	1 160	560	3 126	1 402
788	1 667	5	24	583	3 459	333	9	837	305
715	1 064	112	169	2 569	464	44		532	480
14 863	29 708	58	143	2 701	13 155	7 987	5 004	24 510	43 644

甲		合计	性别		暂住时间			来	
			男	女	一个月以下	一个月至一年	一年以上	省市	内县
甲		1	2	3	4	5	6	7	8
合 计	1	**369 414**	**234 832**	**134 582**	**31 578**	**219 907**	**117 929**	**16 726**	**76 484**
务 工	2	196 485	134 348	62 137	2 743	141 485	52 257	5 244	41 388
务 农	3	8 044	4 573	3 471	4	2 409	5 631	193	2 231
经 商	4	79 555	51 310	28 245	1 369	32 383	45 803	3 108	12 379
服 务	5	24 706	9 398	15 308	792	14 840	9 074	707	5 384
因公出差	6	444	297	147	202	185	57	91	296
借读培训	7	520	291	229		309	211	13	413
治病疗养	8	597	333	264	13	559	25	15	569
保 姆	9	3 429	29	3 400	27	2 872	530	1 212	2 035
投靠亲友	10	1 707	939	768	123	1 282	302	235	836
探亲访友	11	4 659	2 423	2 236	1 225	2 495	939	716	2 437
旅游观光	12	35 266	20 820	14 446	22 489	12 772	5	3 354	2 534
其 他	13	14 002	10 071	3 931	2 591	8 316	3 095	1 838	5 982

| 自 地 区 | | | | 居 住 处 所 | | | | | |
省市	外县	港澳台	国外	旅店	居民家中	单位内部	工地现场	租赁房屋	其他
9	10	11	12	13	14	15	16	17	18
77 074	**199 062**	**10**	**58**	**40 830**	**34 187**	**13 593**	**65 547**	**203 756**	**11 501**
34 675	115 170	5	3	1 828	11 294	5 953	63 225	112 909	1 276
1 225	4 395			11	1 441	517	544	4 389	1 142
16 278	47 783	1	6	1 983	10 445	4 202	1 411	59 697	1 817
3 279	15 327		9	629	1 268	1 015	292	18 182	3 320
22	35			110	226	34	7	65	2
25	69			1	38	49	1	230	201
1	12			10	56	12		69	450
84	98				3 115	272	1	40	1
308	328			48	1 178	175	8	295	3
668	838			339	3 111	1 102	2	101	4
19 506	9 828	4	40	35 061	132	18		26	29
1 003	5 179			810	1 883	244	56	7 753	3 256

甲		合 计	性 男	别 女	暂 住 一 个 月 以 下	时 一 个 月 至 一 年	间 一 年 以 上	来 省 市	内 县
		1	2	3	4	5	6	7	8
合　　计	1	**1 346 136**	**844 586**	**501 550**	**102 427**	**685 229**	**558 480**	**221 293**	**564 358**
务　　工	2	826 248	565 643	260 605	53 880	460 041	312 327	126 233	351 258
务　　农	3	18 483	11 812	6 671	4 269	7 609	6 605	2 176	11 653
经　　商	4	216 851	129 591	87 260	12 561	94 893	109 397	43 455	75 501
服　　务	5	116 296	51 381	64 915	13 263	52 767	50 266	18 036	44 690
因公出差	6	5 748	3 592	2 156	2 906	1 739	1 103	1 552	1 037
借读培训	7	58 774	32 950	25 824	3 378	20 851	34 545	16 279	23 902
治病疗养	8	1 731	1 013	718	667	811	253	339	921
保　　姆	9	7 051	759	6 292	396	3 250	3 405	1 121	3 905
投靠亲友	10	10 785	5 465	5 320	1 793	3 590	5 402	2 532	3 724
探亲访友	11	3 146	1 569	1 577	1 501	1 193	452	720	1 055
旅游观光	12	2 458	1 371	1 087	2 237	153	68	614	463
其　　他	13	78 565	39 440	39 125	5 576	38 332	34 657	8 236	46 249

西

自 地 区				居 住 处 所					
省市	外县	港澳台	国外	旅店	居民家中	单位内部	工地现场	租赁房屋	其他
9	10	11	12	13	14	15	16	17	18
213 777	**345 486**	**198**	**1 024**	**19 616**	**194 350**	**272 837**	**200 062**	**581 406**	**77 865**
115 358	232 976	64	359	6 717	109 651	180 424	169 884	329 900	29 672
1 450	3 204			76	7 760	881	1 090	6 832	1 844
46 891	50 858	63	83	3 928	27 065	28 382	13 665	116 274	27 537
23 600	29 830	37	103	1 818	16 593	16 998	7 260	69 413	4 214
1 927	1 212	4	16	1 933	825	1 601	570	691	128
9 473	8 919	12	189	709	7 695	32 515	758	14 620	2 477
183	287	1		218	215	572	25	464	237
634	1 383	3	5	135	5 295	118	322	1 120	61
2 397	2 020	4	108	30	7 505	454	79	2 188	529
601	730	10	30	320	2 163	92	57	483	31
856	421		104	2 205	93			157	3
10 407	13 646		27	1 527	9 490	10 800	6 352	39 264	11 132

甘

甲		合计	性别 男	性别 女	暂住时间 一个月以下	暂住时间 一至个一月年	暂住时间 一年以上	来 省内市	来 省内县
		1	2	3	4	5	6	7	8
合　计	1	1 149 501	777 321	372 180	352 786	527 621	269 094	259 794	456 653
务　工	2	448 993	327 343	121 650	36 953	307 706	104 334	78 025	193 691
务　农	3	19 287	11 441	7 846	2 370	12 336	4 581	5 139	12 149
经　商	4	151 708	97 512	54 196	12 339	72 617	66 752	29 177	57 392
服　务	5	98 682	52 852	45 830	11 957	56 999	29 726	17 930	47 366
因公出差	6	25 611	18 572	7 039	23 555	1 873	183	5 686	13 868
借读培训	7	81 452	49 299	32 153	3 609	36 100	41 743	19 937	55 639
治病疗养	8	1 230	756	474	530	644	56	503	549
保　姆	9	2 709	68	2 641	274	1 400	1 035	262	2 077
投靠亲友	10	10 569	5 309	5 260	3 094	5 018	2 457	2 179	5 193
探亲访友	11	23 525	16 450	7 075	22 147	937	441	7 762	13 668
旅游观光	12	223 519	156 335	67 184	222 987	520	12	74 490	26 024
其　他	13	62 216	41 384	20 832	12 971	31 471	17 774	18 704	29 037

肃

自　　地　　区				居　　住　　处　　所					
省　外		港澳台	国外	旅店	居民家中	单位内部	工地现场	租赁房屋	其他
市	县								
9	10	11	12	13	14	15	16	17	18
158 171	**261 791**	**9 885**	**3 207**	**293 251**	**87 100**	**147 625**	**205 835**	**342 351**	**73 339**
49 769	127 468		40	5 960	23 136	68 412	172 168	159 688	19 629
855	1 144			166	9 811	457	2 349	1 577	4 927
23 393	41 388		358	3 503	17 291	14 068	12 947	94 134	9 765
11 644	21 646		96	3 434	7 857	18 073	11 200	49 277	8 841
2 658	3 392		7	23 492	160	300	423	791	445
1 504	4 208		164	3 253	10 663	35 677	2 269	18 085	11 505
58	120			275	442	294	1	169	49
104	266			40	2 519	38	1	80	31
1 211	1 973		13	1 860	5 763	451	236	2 074	185
822	1 220		53	21 192	1 495	297	94	239	208
60 760	50 049	9 885	2 311	222 186	106	30	298	674	225
5 393	8 917		165	7 890	7 857	9 528	3 849	15 563	17 529

		合计	性别		暂住时间			来	
			男	女	一个月以下	一个月至一年	一年以上	省内市	内县
甲		1	2	3	4	5	6	7	8
合　　计	1	**634 134**	**409 727**	**224 407**	**119 814**	**267 144**	**247 176**	**54 462**	**242 203**
务　　工	2	272 924	196 816	76 108	24 260	156 049	92 615	15 862	108 750
务　　农	3	49 627	29 325	20 302	2 321	11 167	36 139	917	25 972
经　　商	4	113 519	72 348	41 171	7 916	51 757	53 846	8 565	34 129
服　　务	5	36 786	17 303	19 483	3 790	19 621	13 375	2 562	15 064
因公出差	6	14 102	8 019	6 083	13 341	621	140	1 348	3 415
借读培训	7	13 043	6 785	6 258	212	4 299	8 532	557	8 842
治病疗养	8	3 729	1 702	2 027	1 490	2 045	194	438	2 605
保　　姆	9	1 444	9	1 435	286	577	581	387	423
投靠亲友	10	7 484	4 135	3 349	1 284	2 389	3 811	683	2 361
探亲访友	11	3 733	2 014	1 719	2 482	858	393	485	1 178
旅游观光	12	57 609	35 931	21 678	55 653	650	1 306	15 943	8 297
其　　他	13	60 134	35 340	24 794	6 779	17 111	36 244	6 715	31 167

自　　地　　区				居　　住　　处　　所					
省外 市	省外 县	港澳台	国外	旅店	居民家中	单位内部	工地现场	租赁房屋	其他
9	10	11	12	13	14	15	16	17	18
79 662	**257 640**	**21**	**146**	**81 883**	**59 281**	**66 227**	**115 746**	**229 273**	**81 724**
26 153	122 141		18	3 998	17 012	32 764	100 751	102 668	15 731
982	21 756			75	10 283	1 715	1 612	24 427	11 515
15 727	55 086	1	11	2 767	11 953	7 388	6 027	71 154	14 230
4 011	15 149			979	3 470	7 658	4 339	18 522	1 818
3 702	5 637			13 058	247	111	97	99	490
476	3 150		18	175	1 750	8 577	8	1 543	990
235	451			1 362	384	1 303	42	· 478	160
153	481			5	441	4	130	377	487
771	3 668		1	488	5 400	286	218	936	156
823	1 246		1	1 428	1 720	123	91	313	58
22 695	10 590	19	65	55 759	1 278	229		127	216
3 934	18 285	1	32	1 789	5 343	6 069	2 431	8 629	35 873

甲		合计	性别		暂住时间			来	
			男	女	一个月以下	一个月至一年	一年以上	省内市	内县
甲		1	2	3	4	5	6	7	8
合　计	1	**169 558**	**115 550**	**54 008**	**5 384**	**88 111**	**76 063**	**19 992**	**49 396**
务　工	2	88 284	65 616	22 668	3 668	51 528	33 088	11 538	22 754
务　农	3	8 802	5 330	3 472	219	1 630	6 953	592	4 350
经　商	4	24 335	16 465	7 870	376	15 282	8 677	4 164	6 226
服　务	5	26 169	15 478	10 691	611	17 277	8 281	2 865	6 128
因公出差	6	85	65	20	54	12	19	12	19
借读培训	7	1 305	940	365	202	824	279	334	317
治病疗养	8	9	5	4	4	5		1	2
保　姆	9	60		60	11	31	18	7	33
投靠亲友	10	462	219	243	79	143	240	66	141
探亲访友	11	293	140	153	50	152	91	84	36
旅游观光	12								
其　他	13	19 754	11 292	8 462	110	1 227	18 417	329	9 390

夏

自　　　地　　　区				居　　住　　处　　所					
省市	外县	港澳台	国外	旅店	居民家中	单位内部	工地现场	租赁房屋	其他
9	10	11	12	13	14	15	16	17	18
27 398	**72 771**	**1**		**1 060**	**16 186**	**17 032**	**36 611**	**69 906**	**28 763**
16 483	37 509			513	7 927	9 856	33 222	34 915	1 851
311	3 549				1 964	319	144	1 070	5 305
4 451	9 493	1		192	1 727	3 244	1 363	16 168	1 641
5 311	11 865			126	3 679	3 160	1 710	15 624	1 870
22	32			55	10	4	3	11	2
130	524			47	164	237		714	143
1	5				5			4	
4	16			7	25	4	5	19	
90	165				339	7	10	106	
120	53				79	1	5	206	2
475	9 560			120	267	200	149	1 069	17 949

甲		合计	性 别		暂 住 时 间			来	
			男	女	一个月以下	一至一个月一年	一年以上	省内市	内县
甲		1	2	3	4	5	6	7	8
合　　计	1	**5 777 389**	**3 904 625**	**1 872 764**	**3 450 441**	**1 631 627**	**695 321**	**862 631**	**1 359 046**
务　工	2	1 615 681	1 125 635	490 046	478 629	805 274	331 778	124 933	417 877
务　农	3	388 945	224 083	164 862	59 808	244 725	84 412	23 691	145 171
经　商	4	711 044	471 416	239 628	489 685	141 780	79 579	127 607	155 897
服　务	5	243 655	127 204	116 451	83 487	97 010	63 158	21 591	63 947
因公出差	6	561 209	410 080	151 129	492 336	53 418	15 455	147 611	120 746
借读培训	7	70 183	42 120	28 063	41 224	14 336	14 623	14 546	22 961
治病疗养	8	23 889	14 016	9 873	12 166	8 770	2 953	5 369	9 703
保　姆	9	4 634	113	4 521	366	2 052	2 216	153	1 912
投靠亲友	10	43 533	27 149	16 384	20 330	13 755	9 448	5 113	10 641
探亲访友	11	86 539	59 362	27 177	59 545	19 539	7 455	14 387	23 528
旅游观光	12	1 480 769	1 031 051	449 718	1 378 651	89 031	13 087	292 925	258 102
其　他	13	547 308	372 396	174 912	334 214	141 937	71 157	84 705	128 561

疆

自	地	区		居	住	处	所		
省	外	港澳台	国外	旅店	居民家中	单位内部	工地现场	租赁房屋	其他
市	县								
9	10	11	12	13	14	15	16	17	18
1 313 266	**2 127 810**	**22 170**	**92 466**	**3 481 681**	**354 828**	**368 924**	**330 594**	**953 431**	**287 931**
233 767	818 230	57	20 817	463 345	76 454	216 993	281 754	527 143	49 992
41 268	178 814		1	6 476	142 448	55 195	23 256	118 520	43 050
190 258	192 784	164	44 334	512 437	39 043	14 707	3 794	125 092	15 971
36 838	121 066	107	106	110 018	15 092	30 752	7 425	73 737	6 631
141 710	148 829	246	2 067	508 578	8 876	23 097	712	4 519	15 427
13 569	18 685		422	44 474	4 762	10 759	624	6 814	2 750
2 970	5 768		79	20 429	1 405	175	3	1 476	401
253	2 316			90	1 391	201	1 205	1 588	159
13 008	14 680	3	88	17 960	16 692	2 470	545	4 773	1 093
20 770	19 652	5 264	2 938	53 636	26 769	1 019	432	4 227	456
491 045	402 553	16 151	19 993	1 342 885	1 661	1 998	2 264	1 924	130 037
127 810	204 433	178	1 621	401 353	20 235	11 558	8 580	83 618	21 964

主要指标解释

1. 暂住人口：指离开常住户口所在地的市、县到其他市（不含市辖县）、乡（镇）居住 3 日以上的人员。

2. 市：指经国务院批准设置的市级行政区，包括省（自治区、直辖市）辖市和地（州、盟）辖市。

3. 县：指国务院批准设置的县级行政区。

4. 务工：指从事工业、手工业、建筑业、运输业等劳务人员。

5. 务农：指从事种植业、养殖业、畜牧业等人员。

6. 经商：指从事经营贸易等人员。

7. 服务：指从事商业、饮食业、修理业等人员。